完全総括

SM手引き書

長池士

二見レインボー文庫

はじめに

昭和二〇～三〇年代、小学校の中学年にもなると、家事の一つや二つ手伝わされるのが、当時下町の家庭におけるごくありふれた風景であった。私もご多分に漏れず、我が家の風呂焚き(た)を専任業務としてやらされていたものである。

当時は今のようにガス風呂もほとんどない時代で、風呂の燃料はまきや石炭が一般的であった。我が家は父親が町工場を営んでいたので、その工場から排出される廃材や紙クズが我が家の風呂焚きの燃料にあてられていたのである。

今思うと、私の人生の路線を決定づけた大きな要因は、その廃材の中に紛れこんでいた「お宝」と巡り会ったおかげかもしれない。

その「お宝」とはエロカストリ誌、恐らく工場の職人たちが読んだあと、廃材等の中に棄(す)てた代物であろう。それらエロカストリ誌のタイトルなど、今となれば記憶にはないが、年代から推察するに、『百万人の夜』とか『奇譚クラブ』の類ではなかったであろうか。

もちろん当時のこと、それら雑誌のグラビア頁も僅かで、しかもモノクロ写真の時代である。今の時代では別に「どぉ～ってことない」レベルのものなれど、たった一人で風呂釜の炎の灯を頼りに、それらグラビア写真や挿絵を覗き見た子供の頃の私には大きな衝撃であり、同時に背徳心溢れる、心の昂りを覚えたことは今もって私の脳裏から離れない。

その結果、小学生の私は風呂焚きが大好き少年、風呂焚きマニアと化していたのである。ほかの用事を言いつけられてもいい加減な私であったが、こと風呂焚きに関しては実にマメな少年であった。

学校とか家の近所で子供たちが群れ合う中で、勉強ができる、ケンカが強い、あるいは遊びが達者な者が仲間から一目置かれるのは昔も今も変わらない。しかし、少年時代の私には、そのいずれもが欠けていた。だが、心の奥底では何とかヒーローになりたいと、子供なれば誰もが思う願望もあった。

そこで私は、友達連中を自分のほうに関心を向けさせる手段として、廃材の中に紛れこんでいたエロ雑誌をランドセルに忍ばせては学校に持って行き、休み時間、放課後に友達連中に見せては大人ぶり、意気がっていた。思惑どおり私はヒーローの座を手中にすることができたのである。

しかし、この手のヒーローはその場限りで終わってしまうところが難点で、勉強やケンカのような恒常性には乏しい。したがって、ヒーローを維持継続さすには常に新しいネタを供給しなければならない。

ヒーローを維持継続したい私は、それからというもの、追われるようにエロ雑誌の収集、性の知識の吸収にむさぼる少年期を送ることとなり、そのような状況は中学、高校、大学、さらにはサラリーマン時代の二〇代後半まで続き、友達連中の中において、こと性に関しては一頭地抜きん出ていないと自分の存在感がないとばかりに突き進んできた。

もちろん、それだけではやっていられない。やはり「好き」だったのである。「好きこそ……」的側面も当然あったことは否定はしない。

その「好きこそ……」の部分で、性の中にＳＭ的要素の悦（よろこ）びを覚えだしたのが、大学に入った頃である。当時、古本屋に行っては『奇譚クラブ』や『裏窓』『風俗奇譚』などを買い求め、むさぼり読んでは知識を頭に詰め込み、妄想の世界を漂う。

さらに嵩（こう）じると、同じ趣向の仲間と交流を持ち、実戦をも積んでいく。

サラリーマン生活におさらばした頃にはますますＳＭにはまりだし、とうとう昭和五〇年代半ばには、ＳＭの同好の士を集め、ＳＭサークル「アムス」なる団体を創設。自らが主宰を務め、小学生時代の自分とダブるような、性に対する兄貴分的生き方が現在に至るまで続く。

その間、多くの趣味人と出逢い、またそれら仲間からもたくさんのことを教えられてきた。

この本は今からおよそ一五年前に発刊された『完全総括　ＳＭ手引き書』を加筆、修正を加えて装いを新たにしたものであるが、当時、私は還暦を迎えようとしていた。

六〇歳を過ぎてまで人様にＳＭ世界の悦びを伝えるには、いささか肉体的にも精神的にもパワーが落ちているのではないかと自分に問い、なれば今のうちに自分の知り得る知識、それらをこれからSMに馴染もうとする輩に伝え残したいと考え、縁あって本書を世にさらさせていただく機会を与えていただいた。

現在、私は七二歳。時代の趨勢を感じながらも、人間の秘められた本質である様々な形態の性癖嗜好は、誰しも素地として同様に備わっており、それが覚醒されるか否かが、趣味人と一般の方との違いではないかと思うのである。

長池　士

CONTENTS

第二章　彼女をSMの世界に陥すには

第三章　SMプレイの留意事項

第四章　被虐心理の分析・効用

第五章 縛り・概念と実践

第八章 SM趣味人の思い入れとこだわり

第九章　SM相談室

第一章

「SM」――その本質と概念

「ＳＭ」その本質と概念

今の世で「ＳＭ」と「ＳＦ」を混同するような御仁はまずいないであろう。それほどに「ＳＭ」という言葉は現代社会に根を下ろしている。また、「ＳＭ」に興味を抱いていたり、性戯（せいぎ）の一環として悦（たの）しんでいる人たちもかなりの広がりを見せてきている。

しかし、このように普遍化した「ＳＭ」も、その本質となるや、一般にはあまりまっとうに理解されておらず、むしろ誤解されていたり曲解（きょっかい）されて伝わってしまっている節もある。

その原因にはいくつか考えられる。

一番大きな原因に挙（あ）げられるのは、情報化社会といわれる昨今、雑誌、メディア等からの「ＳＭ」に関する情報が、表層面の突出した部分のみをただ単に面白おかしく取り上げ、内実のメンタルな部分を捨象（しゃしょう）してしまっているからだ。

その結果、メディア信奉患者の現代人の多くは「ＳＭ」そのものを異端なる性戯とみなし、特段「ＳＭ」に対して思いを抱かない輩ならまだしも、興味や思いを持ち合わせている者にまで、この世界へ足を踏み込むことを逡巡させてしまったり、はばかり感を抱かすことになっているのではなかろうか。

また、一部のＳＭマニアと称する趣味人、あるいはＳＭを業い、職業としている輩にも、世間に誤解を与える言動・行動が各種媒体を通して見受けられるのも、その原因の一つかとも思われる。彼らが技巧のハードさや、荒技を駆使することにのみ力点を置くようなことを喧伝するものだから、ますます「ＳＭ」の本質を歪める結果につながってしまっていることも見逃せない。

では「ＳＭ」とはなんぞや、となると、その表層部の技巧はあくまで内実面を支える補完的なもので、本来は精神性の高い、メンタルな性戯と理解していただきたい。

もう少し具体的にいうと、人間が本来持ち合わせた「性欲」と呼ばれる本能に、人間誰しもが有する嗜虐性、被虐性なるものを被せ合わせ、より性のフィールドを広く、かつ性の充実感を高め促すものなのである。

もちろん、そのバックボーンには、相対する二人に愛があり、情が重なることはいうまでもない。それら精神的要素が備わることで、ＳＭプレイは単に平面的性戯に終わることなく、立体的かつ有機的に悦しめるものなのである。

「SM」プレイの3S

「SM」に対し前々から興味を抱いていたり、また何かのきっかけで興味を覚えた人たちのために一言いっておきたい。興味を覚え、いざ実践となる段階で、いかに自分の思い入れを叶(かな)えればよいものであろうか。その手法なり技法は本書第二章以降に譲るとして、その前に三つの「S」を頭の中に叩き込んでおいてほしい。

一番目に想像力の「S」、二番目は創造性の「S」、そして三番目には相互性の「S」。要するに、SMプレイには三つのSが基盤にあってはじめて成り立つということを。

自分のプレイに対する思い入れ――すなわちイメージを育む「想像力」。まずこの想像力が一番先に立つ。

建物でいうならば、どのようなものを建てたいのか、どのような工法で建てたいのか、設計、構図を描く段階である。

この構図を描く段階でもう一つ必要な点がある。仮に君自身が家を建てるとしよう。その場合、同居する家族の要望を、家族が語らずとも設計段階で考慮に入れるはずだ。ＳＭプレイでも全く同様、相手方の思い入れもまた、キチッと構図の中に反映しておく必要がある。この想像力によって組み上げられた構図がプレイ全体の大枠を決め、プレイを方向づける大切な要素になる。

構図ができたならば、次は「創造性」。要するに、実際のプレイとして創り上げていく段階である。建物ならば建築工事の段階である。

建築工事でもあり得ることだが、設計図通りに工事を進めていても、機能性だとか、資材の調達等でやむなく設計変更を余儀なくされる場合がある。

ＳＭプレイでも、当然同じようなことが起こり得る。双方の思い入れに微妙なズレが生じたり、肉体生理上のトラブルが発生したりといったケース。とかく生身の人間である。無機質の建物以上にはらんでいるはずだ。

したがって、プレイをリードし進行させる側の大工である君は、そのような事態に陥(おちい)っても設計図通り無理やり進めるのではなく、柔軟な頭でアドリブを駆使し適宜(てきぎ)創造していかなければ一流の大工（プレイヤー）とはいえない。創造性の大切さは柔軟な頭脳にある、ということも認識しておいてほしい。

では、最後の「相互性」はとなると、建物でいうならば竣工したあと、その家での団欒を想像していただきたい。ぬくもりのある、居心地のよい快適な住居を。SMプレイではこれを、プレイ中における二人のハーモニーと考えてくれればいい。すなわち、嗜虐者、被虐者、双方の思い入れがうまく重なり、融合する悦びである。

この3S――「想像」・「創造」・「相互」。これらが三位一体となって、SMプレイは成り立つのである。

「SM」プレイは房事

SMプレイも人間の性戯の範疇に収まるものにもかかわらず、前々段で触れたように、表層の現象部分のみが突出して見られ誤解されている節が大いにある。これでは性戯ならずして、の感すらあり、SMが房事で秘め事とは言い難いものに変貌してしまっている。

性の範疇にあるはずのSMが、変に陽のあたるところにさらけ出されピエロ的扱いを受け、この現象は心あるＳＭ趣味人を不快にさせてしまっているはずだ。

「ＳＭプレイ」は、残虐性を誇示したり、ジャグラーもどきの技法を自慢したり極める世界ではない。

もしそれらをよしとする御仁には、プロレス界のヒール役の途(みち)もあるし、曲芸の世界もあるはずだ。

それら輩には何か嫌味に聞こえるやもしれないが、房事であるＳＭプレイは神聖なもので、第三者的傍観者(ぼうかんしゃ)が立ち入ることは許されない二人だけの、あるいは本質をわかりうる者たちだけが立ち入ることが許される、ベールに包まれた世界なのだ。

秘め事なる房事、そこには愛なり情の調べが流れており、おのずと温泉宿やストリップ劇場の白黒ショーのごとき好奇心や単なる性欲のはけ口にする世界ではないということは強く言明しておこう。

もちろん、すでに趣味人たる者も心得ておいてほしい。自分の房事をさも自慢げに吹聴したり、さらけ出す世界ではないことを。「ＳＭ」は房事なのだ。

ベールに包まれ、神秘性、耽美(たんび)、唯美(ゆいび)なる聖域、これらが保ててこそ、悦(よろこ)ばしい「ＳＭ」が存在し、成り立つのである。

「SM」プレイの取り組み方

SMに興味を持ち、実際プレイをしようにも、プレイ経験がないとなれば、プレイの進め方、あるいは技法的なことでSM雑誌（マニア誌）なりSMビデオを参考に、という御仁も多いはずだ。

だがここで考えてほしい。SM雑誌にしろSMビデオにしろ、これらはSM初心者のために編集したり作り込んでいるわけではない。あくまで商業ベースを考え、読者、視聴者をいかに引き付け、感動させ、同じレーベルを継続、発行、発売さすかを考え作り込んであるのである。

もちろんプレイを進めるにあたり参考になる部分もあり、全面的には否定できないものの、SMプレイの教範（きょうはん）にはなりづらい面がある。

私自身もこれら雑誌、ビデオの類にお世話になっているが、それは妄想（もうそう）を膨らませる素材であったり、観て瞬間的に熱く感動させてもらっているというお世話のなり方で、けっしてプレイの手法、技法的なテクニックあるいは精神性、メンタルな部分はほとんど参考にはなっていない。

もちろん作り手である製作者側においても、その辺りまでフォローしたり、教範的な要素に力点を置くと、その作品なり雑誌は実に面白味に欠けるものとなり、商業ベースにも乗りづらく、やらないのは当たり前である。

したがって、それら雑誌、ビデオの類は、妄想の素材に使うのはいいが、内容によってはそのままプレイで実践すると、とんでもない事故やアクシデントに連なることもあり、初心者には充分吟味して対処することを望む。

これからＳＭプレイを体験しようとする諸君のために、もう少しわかりやすく説明しておこう。

それは観て悦しむのと、体現して悦しむのとの違いである。自ずと観点視点が違い、異質のものなのだ。

例えば、プロレスとアマレス。この違いはまさに観て楽しむものと、闘って楽しむものの違いがある。プロだから強くてアマだから弱い、という類のものではない。同じレスリングとはいうものの、全くルールも違えばリングの様式も違う。

「ＳＭ」も、これほどまでに違うとはいわないが、観させることに力点を置いているか、プレイすることに力点を置いているかによって、おのずと違ってくるのがおわかりになろうかと思う。観点が違っているのである。

賢明なる諸君ゆえ、「そんなことは充分にわかっている」という御仁もいるやもしれないが、人間は果てのない好奇心を持ち合わせている。もしＳＭに対してもそうした好奇心が沸き起こり、ついついそれら雑誌、ビデオで感化され、そのままチャレンジしたとしよう。その結果、思わぬ失敗をしでかしたり、あるいは再起不能なダメージを引き起こさせたりするのは問題がある。

過去に筆者自身の周りでも、そのような事態に陥った話は数多く見聞きしてきたので、あえてこのような忠告をこの章に潜り込ませてもらった次第である。

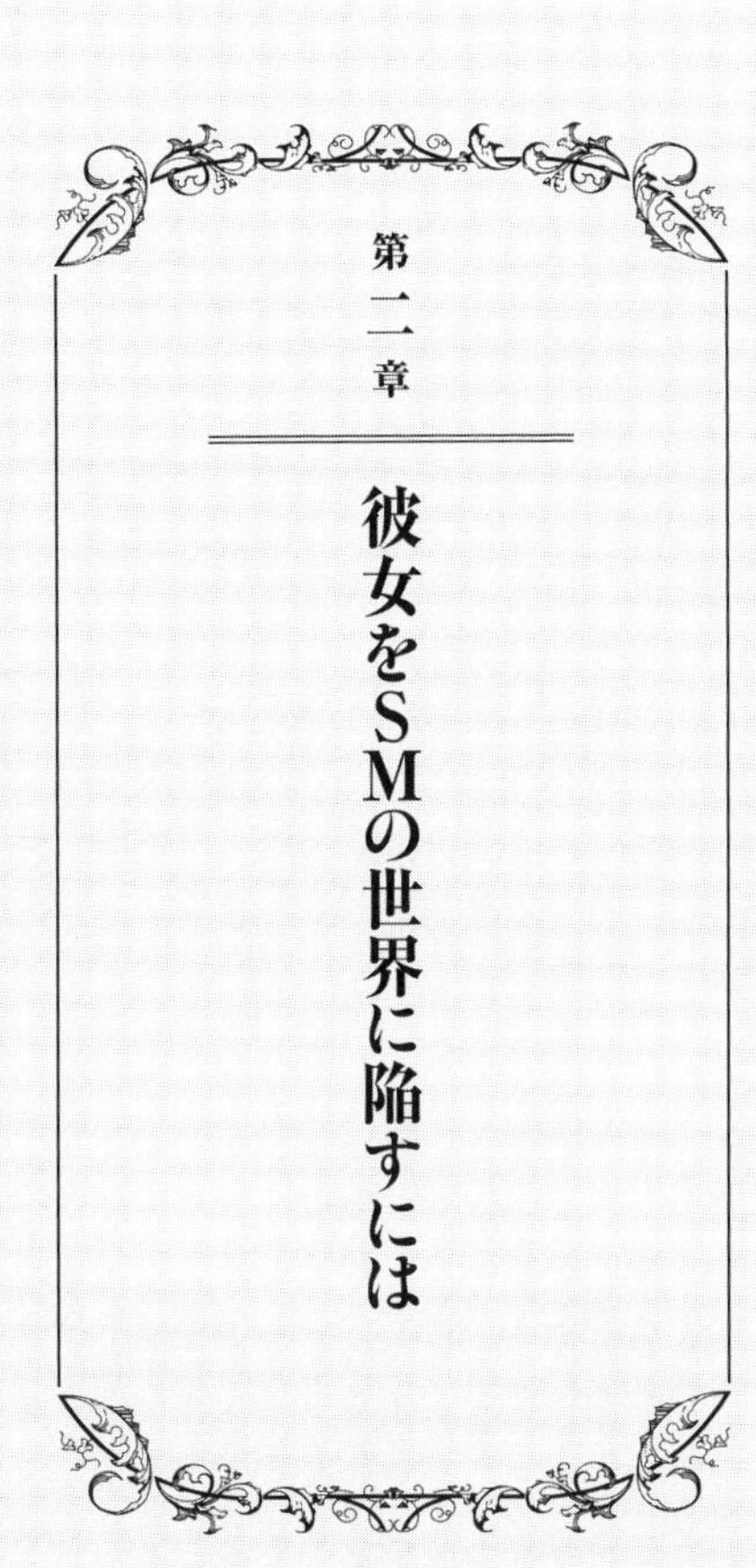

第二章

彼女をSMの世界に陥すには

絶対に自分の愛奴にしてやるという気概を持つ

彼女をＳＭの世界に引きずり込み、愛奴（あいど）として調教し、育てていきたいと考えている君に、その手口、手法を順を追って解説していくこととしよう。

ただし、この手順も、君と彼女との距離間がどのポイントまで進んでいるかによっておのずと変わってくる。

Ａ、単なる交際段階で、まだセックスにまでは至っていない。これからようやく肉体関係を持ち始めるケース。

Ｂ、お互いの間で長い期間にわたってセックスはあるものの、ＳＭという域には、まだ到達していないケース。

Ｃ、彼女もＳＭには知識、興味を持ち合わせている。もしくは、他男性との間ではすでにＳＭプレイも経験済みのケース。

大雑把ながら、以上のＡ・Ｂ・Ｃ三つのケースで考えてみよう。これら各ケースによりＳＭへのアプローチの仕方が変わってくる。

それぞれケースごとに説明していくが、その前にＡ・Ｂ・Ｃ、各ケースとも共通していえることは、君自身の気持ちの持ち方である。「絶対に自分の愛奴にしてみせる」という揺るぎない君の強い信念である。この信念なくして、いくらテクニック、手順を覚えても実際にはうまくいくとは思えないからだ。

また、各ケースとも便宜上、各人が持っているキャラクターは抜きで解説している。いざ行動に移す場合は、そのあたりを加味するなり、アレンジして実施に入ることを望む。

Ａのケース――自然にイニシャチブを取る

後述するＢのケースにも共通していえることだが、間違ってもＳＭグッズ類は初めの一戦からは一切持ち込まないことだ。最初からそれらのグッズを彼女が見てしまうと、逆効果こそあれ、成算には結びつかない。

陸上競技種目の三段跳びにたとえて説明していく。

助走、ホップ、ステップ、ジャンプ、この四回にわたる局面がしっかりできれば、君の願いは成就したも同然。

初回の交渉（助走）

三段跳びの助走で大事なのは、スタートの切り方、走行時での加速、最後の踏切とされている。それらをセックス前戯においても重ね合わせ、意識に置いておく。いざセックスとなれば前戯がつきものだが、この前戯なるものを的確に行うことが将来のSMプレイにつながるからだ。

この前戯の段階で、彼女の性回路にSMウイルスをダメージなく注入するのである。


―愛撫（あいぶ）のポイント―
一、常に、愛撫を通して前戯全般にわたってリード意識を持つこと。
一、格好よく、スマートに手際よくセックスをしようなどとは一切考えるな。

一、性戯に君自身が没頭し夢中になることで、全てが解決する。ただし局面を見すえる冷静さも必要。

以上の三点を頭に叩き込んだら、いよいよ愛撫に入っていく。

愛撫に手順なるものがあるとすれば、今回の導入に関しては一切無視してくれてよい。君はただひたすら、彼女の愛おしく感ずる箇所を夢中に愛撫すればよい。唇だの舌だの、あるいは両手をひたすら使う。例えば彼女の乳房、左の乳房なら、左の乳房だけを徹頭徹尾に愛撫するのだ。

ＡＶ男優がごとく、三所責め的なテクニックは一切無用。テクニックに走り、君の夢中さを欠けさすような愛撫は必要ない。なぜなら、相手の快感のみを考えてする愛撫などは、彼女の性回路の方向を見誤さす原因になる。すなわち、君が自分の思い入れに夢中になっているのだということが、前戯段階で彼女にメッセージされなければ、意図した方向には向かわない。

さらにアクティブに重ねる君の愛撫は、一箇所には止まってはいけない。次から次へと箇所を変え、それもただただ夢中に、愛撫箇所についてもアトランダムに。

この夢中さが彼女の精神肉体両面に波動を呼び、彼女の性回路は、君により一方的にリードされることを学習するのである。その上で、前戯においてすら徹底的に受身で終始するだろう。恐らく彼女は、過去の性交渉では経験のなかった刺激を覚えたはずだ。

夢中なる君の愛撫が彼女に波動を呼べば、当然、彼女は君の躰(からだ)に手なり腕なりを絡めてくるであろう。だが、愛撫することに夢中になっている君にとっては、その彼女の手なり腕は邪魔になる。なぜなら、それは愛撫の行動に物理的な制約が加わるに他ならないからだ。

ここでようやく、彼女にSMウイルスを注入するターニングポイントが見えてくる。邪魔になる彼女の手なり腕を、君は愛撫しながらも体勢の移動によって払い除ける。するとまたまた、彼女の手が絡んでくる。払い除ける。君の夢中さが、そうさせるというように……。

とにかく君が愛撫するのに彼女の手なり腕は邪魔なのだということを、彼女はこうした君の一連の愛撫法から体で覚えてしまう。夢中なる君の愛撫の流れの中で、彼女は次第に、手なり腕を払い除けられることに違和感を感じなくなるはずだ。

次に頃合を見計らって、その絡んで邪魔な彼女の手を、体勢の移動で振り払うのではなく、君の手で彼女の両手首を愛撫の邪魔にならない位置に押さえつける。

とはいえおそらく、夢中になる君の愛撫が続くと、ついつい君は押さえつけていた手を離してしまい、またまたその手が愛撫している箇所に移動してしまうことだろう。むろん邪魔な彼女の手がまた絡んでくる。それを再び押さえ、離す。

その何回かの繰り返しの中で、手首を押さえつけられる必然性と、自由を奪われる両手首の捕捉が、未知なる刺激として彼女の脳裏にインプットされることだろう。〈助走〉としてはこれだけで充分。初回はその後、自然の成り行きで挿入に及んで良しだ。

二回目の交渉（ホップ）

前回同様、君の一方的な夢中なる愛撫で始まる。

前回の愛撫の残像は、彼女の脳裏にまだ焼きついているはずだ。したがって、免疫性は既にできているとみてよい。むしろ彼女にとっては、その一方的ともとれる君の愛撫に新たな発見を見出し、日々経過によりさらに強引にリードされる被虐への高揚感が膨らんでいることも充分あり得る。

今回も彼女の両手首をつかむ段階まできたら、前回よりもやや強めに、捕捉時間も長めにすることだ。やはり前回同様にこれを繰り返す。

〈ホップ〉のターニングポイントが見えてきた。

用意周到なる君のことである。手の届く位置に脱ぎ放たれたバスローブの紐、または浴衣の紐をめざとく見つけてしまう。

愛撫するのに邪魔な彼女の両手首を、稚拙であってもルーズであってもよいから、とにかく縛ってしまう。ここでは間違っても手際よく、きつく縛ることはしてはならない。あくまで紐は君の手の代用なのだ。客観的に見れば、この段階ですでにSMプレイと映ってしまうかもしれないが、君のリードする一連の愛撫の法にあっては、自然の流れと彼女は読み取ってしまうだろう。

この段階での彼女の心中は単に、捕捉するのに、君の手からバスローブの紐へ、つまり愛撫のための必然性からと感じつつも、同時に愛撫するに物を使うという多様性へと微妙な意識のブレが沸き起こってきているはずだ。

例えば猿が道具らしき物を使い、その結果原人、人類へと進化してきたがごとく、ＳＭプレイもまた、一つの道具（物）ができると次なる道具（物）へと、裾野が拡がるように多様化していくのだ。たかが紐といえども物が使われ、一度その味を覚えれば、彼女自身も二人の性交渉の今後の展開が充分予測できる。

本当にそんなにうまい具合にいくのか、と君は疑念を抱くかもしれないが、強い信念を持って、かつ澱(よど)み無くここまで進めてきたのであれば絶対うまくいく。

女性の特性は、一歩一歩を進めるということについては、持久性、耐久性いずれをとっても男性以上のものを持ち合わせている。同時に生理的許容量も一つ一つ段階を踏んでいけば、充分消化吸収していく力を持ち合わせているのも事実である。

この女性の持つ特性を信じ、バスローブの紐なり浴衣の紐をもってして、その必然性が性戯の多様化へと徐々に移しつつ進めていく。

例えばそれらの紐で、腕を開かせベッドの縁に結びつける。あるいは脚も開脚させ同様に、とか。踏切板を越えた〈ホップ〉の段階である。後戻りはできない。変に逡巡することなく、キレのよい動きをもって、彼女の予知する一歩先を考えリードしていくことだ。

この局面では、女性が本能的に持ち得るレイプ願望的な部分も触発されるはずなので、縛ったあとは思い切ってそのままの体勢で挿入に持っていくのが理想かと思う。

三回目の交渉（ステップ）

陸上競技の三段跳びで記録を残そうとすると、ホップとジャンプをつなぐステップの段階が一番重要だと、陸上競技の専門家の話を聞いたことがある。このAのケースでも一番大事な局面を迎える。

むろん前戯から始まるのは、前回、前々回同様ではあるが、前戯の内容が大きく変わってくる。愛撫する君の夢中さは相変わらず変わりはしないが、今さら必然性などという部分はほとんど必要としなくなっている。むしろ前回芽生えさせた性戯の多様性に力点を注ぐべきで、今回はテーマを性戯の多様性に置く。それも脳が支配する人間の性ゆえ、メンタルな部分を触発することで。

前回まではリードという言葉を随所で使用してきたが、今回からは、このリードという言葉の中に「支配」という意味合いも含まれているものと理解していただきたい。

前回までのリードは直線行動的で、フィジカルな要素が多く感じられたが、今回は有機的な拡がりの中でのリード、すなわち支配、采配、等メンタルな要素をも加味していくこととする。

前回の前戯で行ったのと同様に、彼女の両手を左右上方に、また、両足を左右に開脚させバスローブの紐、あるいはネクタイ等でベッドの縁等に縛りつけてしまう。紐が足りなければ足などは、君の手で開脚（かいきゃく）させてしまえばよい。

そうして彼女の無防備状態となった裸体を、君の視野の中に全てさらけさすことから、この〈ステップ〉は始まる。とはいうものの、その状態に持っていくのは従来どおり濃密な愛撫の延長線上ということは忘れないでほしい。

澱み無くスムースに、両手両足をバスローブ等の紐により捕捉（ほそく）されてしまった彼女。彼女の予知の範囲では、まだ前回までのイメージ（この体勢での君の夢中なる愛撫）しか脳裏（のうり）に映っていないはずだ。

だが、あにはからんや、無防備なまでにさらけ出された自分の躰に、君の視線が注ぎ込まれる。人間誰しもが持ち合わせた羞恥心（しゅうちしん）が呼び起こされる。

このタイミングを見計らい、君は言葉で彼女の羞恥心をさらに掻（か）き立ててやる。

「スゴイ格好だ」「オマンコ丸見えだ」とか、さもいやらしそうなイントネーションで言葉を投げかける。彼女は羞恥心を煽られることでまたまた、別の回路が触発され、ボルテージが上がることは間違いない。「イヤダー」「羞かしい」とは言いながらも。

この局面でのターニングポイントは、ここから始まる。

メンタルな部分でのリードも君が行うということを、言動、行動をもって彼女にわからしめる。言葉によるキャッチボールを重ねながら。

「紐を解いてほしかったら○○をしろ」とか、「もっと○○してほしいと言いなさい。言ったら解いてやる」という具合に、彼女の羞恥心からの解放を条件に、君の意図するところへ彼女自らの言葉をもって誘導していくのだ。

これがスムースにできたら、君は彼女とのセックスにイニシャチブが取れ、彼女の性を支配していくことができる。同時に彼女の脳裏には、性を支配される安堵の悦びも芽生えるはずだ。

もちろん、この局面での挿入時も、「入れてほしいのか」「俺が欲しいのか、欲しければ○○が欲しいと言え」と、最後の最後まで君が彼女を支配していくことを忘れずに。

四回目の交渉（ジャンプ）

いよいよAのケースの最終局面、〈ジャンプ〉の段階にきた。

もうすでに君は、二人の性については前回までの経過を経て、精神的（メンタル）あるいは肉体的（フィジカル）にもリード（支配）できる立場になっているはずだ。

今回は軽く、綿製のソフトロープ（一〇メートル程度のロープ）を四、五本、電動バイブ、あるいは卵型のローター程度のＳＭグッズなるものを用意して臨もう。

しかし、まだまだ鞭（むち）だとか、ローソクの類は早い。このジャンプの局面を終えてからで充分だ。

まず、ベッドインと同時に、君がおもむろに用意したロープを彼女の寝ている脇に投げ出す。

「さあ、この間と同じように手足を縛ってやる」「手を出しなさい」てな具合に前回までの延長線上の行為を行うということを、ごく自然な形で君の言葉、態度でわからせるのが肝心だ。ただ単に、バスローブの紐、あるいはネクタイでは充分に用を足さないので、必要上ロープを用意してきたといわんばかりに。

違和感を感じさす間もなく、君は前回、あるいは前々回同様に彼女の手首、足首をそれぞれ両手、両脚を開かせ、持参したロープでしっかり結わえ、相変わらずの濃厚な愛撫から始める。まずは直進的な愛撫からでよい。これは要するに前々回、前回のおさらい的な愛撫から始めることにより、ロープに対する違和感を感じさせないためである。

そして前回に行った言葉によるキャッチボール、立体的なリードに移っていく。その結果としておもむろに取り出した電動バイブ等の使用をも、彼女本人の口から求めさせるのである。

あとは電動バイブを使いながらも、「どうだ気持ちいいのか、どうなんだ、言ってみろ」と、どんどん彼女のメンタルな性回路を稼働するように順滑に追い込んでいく。彼女の応えが小さいようであれば、「もっと大きな声で言ってみろ、何言ってるのか聞こえないぞ」と言いながら、彼女のお尻に軽く君の掌でスパンキングを与える。このダメージ系もこのような局面でのターニングポイントだ。

このスパンキングという行為が、彼女をさらに被虐感に目覚めさせ、同時に生理的に子宮孔を一瞬閉じさせるフィジカルな面でも感じさせ、快楽への階段を可及的に登らすこととなる。その流れの延長線上で、反応を見ながら挿入へと移っていけばよい。

Ａのケースの場合、〈助走〉〈ホップ〉〈ステップ〉〈ジャンプ〉の四段階の手順を経ることによって、拘束感、羞恥心、被虐感、あるいはリード（支配）される悦び等を彼女に覚えさせれば、Ｍ女としての資質を顕在化させてやることができる。

この手順さえキチッと押さえておけば、次なる段階ではより有機的多様性を持った拡がりのあるプレイに発展していくのは請け合いである。

Ｂのケース——リズムの変化を共有させる

Ａのケースとは違い、君は彼女との間に既に性交渉を重ねてきている。交渉の数の多い少ないはあるとしても、二人の間には既にセックスのリズムができあがっているはずだ。それだけにＡのケースのように君がぐいぐいリードしていくことは、従来のリズムを壊し、彼女を急激な変化にとまどわす可能性、ひいては二人の仲が冷えてしまう危険性すらある。

そういう意味ではAのケースより厄介なのだ。

さすればどのように対処すればよいのか。既に一定のリズムによってハモっている二人。

この場合、従来のセックススタイルに、徐々にではあるが「SMッポイ」スパイスを、二人のセックスに添加していくのである。

もちろん、スパイスを添加する役目は君だ。彼女には、最近急に君が意図的にスパイスを添加しだしたなどとさとられない程度に。そんな回りくどいことは嫌だと思うかもしれないが、一気呵成（いっきかせい）に事を進めるような急激な変化は、彼女を引かせてしまうことになりかねない。急がば回れである。

スパイスが充分に効きだせば、もともと性的にも人間関係のある二人ゆえ、一気に加速がついて走りだし、きっと君の手離せない愛奴となるのは間違いない。

では「SMッポイ」スパイスとはどんなものがあるか、思いつくままに羅列してみよう。

背徳感、羞恥心、拘束感、諦め、無力感、あるいは嗜虐性、被虐性、支配、被支配等々数限りなくある。だがこれらスパイスの効用も、二人が愛し合い、性の悦びを心身で確認し合っているという間柄がベースになっての話である。このベースが崩れていると、いくら良質のスパイスであってもスパイスでなくなってしまうからだ。

二人のセックスが従来通りのリズム感を狂わすことのない程度に、どのようなスパイスを小出しに添加していくかは、各人各様の個性があるゆえ、状況を見ながら君の判断に委ねるしかない。

しかし、女性の本質は、男性のように一気には飲み込めないものでも、一歩一歩着実に飲み込ませていけば、男性を上回る許容量を持ち合わせているようだから、性においても然り。徐々にスパイスに慣れ親しませていくことに注意すれば、きっとうまくいく。

スパイスの量は徐々に増やしていくのはいうまでもない。当然、二人のセックスもリズムが変わってくる。が、彼女にすれば、従前のセックススタイルとはリズム感が変わってきたのにたとえ気がついても、君のリードによるものとは思わず、むしろ、二人で協力創造してきた共有のリズムの変化と見るだろう。

この、共有し一緒になって創造してきたという意識を彼女が持ってくれるかどうかが、このBのケースの最大のポイントなのだ。

　ではスパイスの添加法を一つ、二つ具体的にレクチャーしていく。

　ベッドに仰向けになって横たわる君と彼女。いつものように自然な流れの中で、愛撫を重ねるも、いつしか君の左腕は彼女の首筋を通り抜け腕枕状態。この時、彼女の右腕は君の左腕とクロスするように、一見二人仲良く肩を組み合った感じのポジションをとる。だが、彼女の右腕は君の左腕の下でクロスされ、君の脇で挟まれている。むろん彼女は、この時点では全く気がついていない。

　その状態のまま君は、おもむろに彼女のほうに体全体を横向けていく。優しくフリーに動く右手で彼女の全身を愛撫。君の腕枕していた手で彼女の首を抱きかかえるように、徐々に君の上半身を三分の一程度重ね合わせていく。唇も使ってOK。彼女は自分の右腕が君の左腕脇で挟み押さえられていることなど、まだ知る由もない。君は愛撫の流れの中で、右手で彼女の左大腿部を、膝のあたりを下方から抱え上げるように、上半身部分に寄せ上げていく。

　君は右腕をさらに深く彼女の左大腿部の膝下に入り込ませ、その状態のまま彼女の左手を握り込む。君の右手と彼女の左手が握り合わされ、それに乗っかった形で彼女の左大腿部は宙に浮いた形になるだろう。そして君は左腕を腕枕状態のまま、深く左ににじり寄り右手で握っている彼女の左手を、君の左手で握り直してやる。君の左手、彼女の左手は握られたまま、腕と腕が繋がった輪の状態、その輪の中に、上向きにそびえ立つ、彼女の左大腿部。

その状態になると同時に、君は右足で彼女の右足を右方向に引っかけるようにずらす。彼女の四肢は完全に自由を奪われ、当然身動きがしづらい態勢となる。羞かしい所も丸見え。君の右手、唇によってなすがまま。ロープ、紐がなくても、前戯の流れの中で拘束感を味わわさせ、羞恥心をも煽り、被虐感まで味わわすことができるのだ。このときの君の右手は魔法の杖と化す。

前戯段階での一例を挙げてみたが、君自身のイメージでこれもどきの、あるいは効用を考え入れながら、それなりのスパイスを添加した愛撫法を一考してほしい。

挿入体位にしても然りで、従前行ってきた体位より背徳的で、被虐感溢れる体位にもっていく。そのあたりも二人のリズムを狂わさない程度に織り込むべきだ。

もう一例挙げよう。

バスルームなどで、二人してはしゃぐ、戯れ合うというのはいかがであろうか。人間本来、海水浴に行ったり川遊びしたり、あるいは風呂においてでもあるが、水に触れると幼児性を取り戻したかのように、はしゃいだり、ふざけたりする習性があるようだ。

この習性をうまく利用し、戯れ合いから、無理なく自然にスパイスを効かせていくのも一法かと思う。例えばシャワーのかけっこ。全身を洗うがごとくシャワーの湯を彼女にかけてやるのだが、特に股間やアナル部分にかける時は、片手でかき開くように中まで洗ってやる。戯れ合いっぽくはやりつつも、やはり羞恥の心は湧き上がってくるはずだ。

また、君のペニスを洗わせながら、その延長線上でフェラチオに持っていく場合にしても、ベッドの上ならまだしも、風呂場では君はまず仰向けに寝そべることはないだろう。風呂場の造りからしてもバスタブの縁に腰を掛けるか、バスの椅子に腰掛けることだろう。必然彼女は、膝をつきぬかずいた状態でのフェラ姿勢にならざるを得ないはずだ。

要は、君と彼女の目線の高さの違いによって支配、被支配の構図ができあがるのである。彼女自身の君に対して奉仕している、という気持ちも芽生えてくるはずだ。

以上のようにそれぞれスパイスの効用を考えながら、従来のセックススタイルに徐々に添加していけば、おのずと途は開かれる。君自身、数を重ねていくうちに、従前のパターンと明確に違うスタイルに到達したと、遅かれ早かれ思える時期が必ずくるであろう。

その時、一気に意図するＳＭプレイの路線に向かって走ればよい。メンタルな部分では、彼女の脳裏にすでにＳＭウイルスがインプットされているはずだから、あとはフィジカル面を触発する技法を習得すれば、必ず思い入れは叶うものである。

Ｃのケース――いかに安心感を持たせるか

Ｃのケースの場合、相手になる彼女はＳＭの世界を理解しているか、君以外とは体験済みという設定である。この場合、前段のA、Bのケースに比べSMの世界への導入という難儀な作業工程を踏まないだけ、余分なエネルギーを使わなくて済むという利点がある。ただし、A、Bのケースのように一から育て上げたという創造の喜びに欠けるのはやむを得ない。

だからといって安直に取り組むことなく、次の留意点をしっかり頭に入れ対処しよう。

よく耳にする話だが、SM経験のある女性が、インターネットやSNS等で出会った男性とプレイに入った場合、話と実際では全く大違いで、失望してしまったとか、男性の思い入ればかりが優先されて、全く自分を感動させてくれず二度と会うのはいや……だとか。

少なくとも君はそのようには言われたくないだろう。そのためにも君自身は、彼女とのプレイに入る前に一定の水準レベルには達しておくべきだ。本書をしっかり読み、SMクラブにでも数回通い、実践訓練を重ねておけば大丈夫だ。

かような女性と初めてプレイに入るにあたっては、二、三の留意点があるので、その点をレクチャーしておこう。

一つには、初めて出会ってプレイ談義に花が咲き、君は先を急ぐばっかりに初対面にもかかわらず、「君は、どんなプレイが好き？」などの趣向についての質問を投げかけたとする。

こんな質問は愚の骨頂である。なぜなら、ＳＭプレイはあくまで房事の世界であり陽の目を憚るところが悦しいのであって、あっけらかんと「〇〇が好きだ」と広言しまくる世界ではないのである。これが例えば少しも憚る必要のないグルメの話題であれば、「カレーが好きだ」いや「寿司が好きだ」などと言えるが、あくまでＳＭが房事であることをくれぐれも忘れずに。

では、彼女の趣向を聞き出すのにはどうしたらいいのか。その時は、好むことよりむしろ彼女の忌み嫌うプレイを聞いてやればよい。「不快」「嫌い」「思い入れがない」、このあたりのところは彼女にとっても応えやすいはずだ。憚ると思っている世界だけに、嫌なものは比較的言いやすい。

さすればプレイに入った段階で、彼女の嫌うプレイを外して進めればなんら問題なくスムースに運ぶのだ。

二つには、プレイに入る前に、彼女に「心の非常釦」を持たせておくことだ。「心の非常釦」とは、事前にプレイに入ってからの緊急回避のためのサインを決めておくことである。

彼女は経験はあるものの、君とは初めてのプレイだから、プレイの流れに一抹の不安はある。「自分の思い入れとは全くかけ離れたプレイに進行していったらどうしよう」「肉体的、精神的に耐えられない極限のところまでいった時、相手は止めてくれるのか」あるいは「相手はそれをわかってくれるのか」等々の不安が過ぎるものだ。

仮にサインなしでプレイに入ったとしても、これでは彼女の精神には一抹の不安からくるブレーキがかかったままで、うまくプレイはハモれないだろう。つまり、わかりやすくいうと、車のサイドブレーキが入ったまま車を発車するようなものと思えばよい。

何かあった時にはサイン、という「心の非常釦」を押せば、そのプレイから解放してくれるんだといった安心感を持たせてプレイに入るとよい。さすればプレイ経験のある彼女だけに、そもそもSM精神もわかってくれている。安心して身も心も君に預け、君のリードで至福の途へひた走ってくれるはずだ。

彼女には事前にこのように言えばよい。「君の思い入れのあるところに自分なりにリードしていくつもりだが、もし、肉体的、精神的にどうしてもこれ以上駄目だという局面にきたら一言『ＮＯ（ノー）』と言ってくれ。そうしたらそのプレイは中断して別のプレイに移行していくから」という具合に伝える。これが「心の非常釦」なのだ。「ＮＯ（ノー）」の一言より、「いやいや」あるいは「駄目」とか「許して」のほうがプレイ上情緒があってよいのではという輩もいるかも知れないが、女性がテンションを上げていく中で言葉のキャッチボールにも多々出てくる可能性の言葉は避けたほうがよい。君自身もプレイに夢中になり、サインが「駄目」だったのか「許して」だったのかわけがわからなくなり、混同する恐れがあるからだ。

三つには、プレイに入る時点での心構えだ。「誘い水の原理」を知っておいてほしい。井戸を掘り、水脈に到達しパイプを差し込んだ。だけどこれだけでは、地下水である井戸水は汲み上げられない。パイプの汲み上げ口から、誘い水なる水を流し込んでやって、初めて地下水が汲み上げられるのである。

プレイも全く一緒で、相手がＭ女だからといって誰しもが自ら昂っていってくれるものでもない。彼女の昂るのを待っていると、時によっては日が暮れてしまうやもしれない。君が変に収まって紳士面をさげ、なんとなく気取っていたところでなかなか前には進まないのだ。

ゼスチャーでもよいから、君がすでに熱くなっているんだという雰囲気、姿勢を示してほしい。その熱くなっている君の様子が彼女に波動を呼び、誘い水となってプレイへとスムースに入っていけるのだ。

以上の点を留意し、かつ、ある程度の水準までプレイテクニックを身につけておけば、このCのケースも大丈夫だ。

プレイにおける約束事（モラル）・マナー

相対するSとM、二人が織りなす精神（心理）と肉体の旋律、これがいかに融合しハモれるかということが、プレイの良し悪しを決めてしまう。

プレイヤーなら誰しも当然良しとする方向に持っていきたいと思っているはずだ。

その基本となるのは、精神的にも肉体的にも相手に対する配慮、思いやりにつきるわけだが、SMプレイという括り（くく）りになってしまうと、どうも大きく勘違いをして日常社会通念の枠を越えてしまい、ハモれるものもハモれない状態に陥ってしまう輩がいる。

そこで、逸脱してはいけない約束事（モラル）・マナーについて精神（心理）面、肉体面の両面にわたって、例を挙げながらレクチャーしよう。

精神（心理）面について

相手を従属さすようなプレイ展開などでよく見受けられるが、相手を罵倒(ばとう)するような局面があるとしよう。やれ「このメス豚めっ！」とか、「このド近眼がぁ！」とか、明らかに当人にとってコンプレックスに感じているような節の肉体的なこととか、当人が普段から重く背負っているような触れられたくない事柄については、いくらＳＭプレイだとはいえ、言葉に発してはならない。

また、ＳＭプレイでは、縛り等で若干テクニックを要する場面がある。拘束するために相手を縛ったとしよう。それを何か勘違いしたのか、「どうだ綺麗だろう」とか、「どうだうまいもんだろう」と、自分の縛りを自慢する奴がいる。

縛ることにより女体美がさらに増幅強調されたのを褒(ほ)めてやるのはよいが、自分の縛りの技術を自慢するのはＳＭ精神のわかっていない奴で、精神性のなさを相手に見透かされ、嫌われること間違いなしだ。

また、プレイメイトに対し、二人は単にＳＭプレイのみの付き合いだといわんばかりに「カミさんはこんなコトさせてくれない」だとか「恋人とはノーマルな付き合いのみだ」とか、区別、差別化する発言にも注意したい。家に奥さんがいようと、他に彼女がいようと、プレイメイトの前では一切他の女性の話は口に出さないことだ。

そんなの当たり前じゃないか、という輩もいると思うが、無意識のうちに一般の生活とＳＭの世界を次元の違うところにでもいるように自分なりに切り離してしまい、ついつい口に出てしまうこともありうるからだ。

次に我々日本人男性が一番お粗末なのは、プレイ後の後戯の段階ではなかろうか。日本人男性はせっかちなのだろうか、前戯段階では一所懸命汗を流して愛撫するのだが、いったん事を終えたら自分だけ「お先に」とばかりにチンチンの残滓（ざんし）をティッシュで拭いたり、「やれやれ」と一仕事が終わったといわんばかりに、煙草を一服、テレビのスイッチを入れ巨人阪神戦をビールなどを飲みながら観ている、そんな輩はいないだろうか。彼女はベッドで至福（しふく）の余韻（よいん）に浸っている最中にもかかわらず。

そういう輩は最悪である。男性と女性の事終えたあとの余韻は、生理的に全く違うのである。男性であればほんの数秒間かも知れないが、女性は数分から数十分の余韻に浸れるものなのだ。

では、君はどのようにすればよいのか。彼女が至福後の余韻に浸っている間は彼女に腕枕でもしてやり、もう片方の手で髪の毛を、軽く撫(な)ぜてやるなり、背中を上から下へ、上から下へとゆっくりゆっくり撫ぜてやるのだ。

そのようなことは、俺はちゃんとしているぞという輩もいるかも知れない。しかし、せっかくこれができているのに、彼女の耳許で「どう、よかったか」とか、「あの時の表情はよかったぜ」とか、自分のリードのできを確認したいあまりに声をかけたりはしていないだろうか。これもまた困ったものである。彼女の心中は、自己の余韻に浸るままそっとしておいてほしい、しばらく黙っておいてほしい、それも君に優しく包まれながらと望んでいるに違いない。

この何か空気の抜けたように思われる後戯が最良の法である。だからといって後戯をつまらなく思うなかれ。単に後戯を後戯と見るか、次なるプレイにつながるための前戯の一部と見るかは、今後の君の女性操縦法にかかってくることを覚えておいていただきたい。

肉体面について

次に肉体面について注意すべきことは、衛生上の問題と事故につながること、この二点に絞られる。

先に衛生上の問題だが、電動グッズ等については使用前にエタノール等で消毒殺菌し、使用時においてもスキンを装着するという配慮は、プレイヤーであれば誰しもが行っていることと思う。

しかし案外抜け落ちているのが、ロープの類である。ロープは素材、種類にかかわらず、表面上細い凸凹部分がある。それだけに細菌も付着しやすく、少し放っておくとその細菌が増殖し、そのまま股縄（またなわ）などに使うと粘膜箇所にビラン症の危険もはらむ。

望ましいのはプレイごとにニューロープを使用するのにつきるが、従前のロープに愛着があったり、もったいないと思うのであれば、面倒臭くても事前に洗濯して臨むべきである。ロープは身につける肌着みたいなものなので、持ち運びの時も一般のグッズ類とは別の小袋にでも入れておくべきかと思う。

また、ヴァギナ、アナル等粘膜部分に関わるプレイにおいては、その触れる指、掌はもちろんのこと、全てのグッズの清潔感に対する配慮は必要だ。

事故防止という点では、人間誰しも生身の体である。日々体調が同一コンディションではない。特に女性については生理という厄介なものを抱えている。前回のプレイがこのあたりまでできたら、今回はその先までいってみようと考えるかもしれないが、そのあたりも体調等を鑑(かんが)み対応するのがよかろう。

特に注意しておきたいのは、縛り等、拘束プレイである。君がいくら縛りに自信があるからといって慢心してはいけない。いつ何時アクシデントが起きるやもしれない。外的なアクシデント、例えばホテルにおける火災発生等も考慮しておかなければならない。そんな時、ロープを解こうとしてもあわてたり、焦ったりしていつものようには解けないことも充分ありうる。

そのためにも縛ったロープが即座に処理できるよう、ハサミを必ず携行しておくのをすすめる。アクシデントが起きた時には必ず役に立つ。慢心は事故のもとであることを肝に銘じるべし。

深層心理（メンタル）面と肉体生理（フィジカル）面の触発

深層心理について

一般の動物は両脚の間でセックスを行い、唯一人間のみ両耳の間でセックスを行うといわれるほど、人間のセックスは脳によって支配されている。

人間はその脳において、生まれてこのかた学習吸収してきた知識というものを最大限利用し、本能たる性欲に対してまで妄想、イメージなるものを付加させ、より有機的な快楽の強いものへとセックスを進化させてきた。その顕著な現れがＳＭプレイではなかろうか。

まさにＳＭはメンタル性を要求する性戯なのだ。

そのメンタル性をいかに触発するかによって、性欲へのイメージをさらに膨らませていくこともできる。そのためには二つのファクターが考えられる。

一つに「言語」。二つめに経験からくる「予知」がそのファクターだ。いずれも、大雑把に知識といわれる範疇のものではある。いずれも性戯には欠かすことのできないものだ。それらを巧みに使いこなすことでＳＭプレイのフィールドがどんどん拡がっていく。それも相対する相手（パートナー）とプレイが共有、すなわちハモれるということであれば。

「言語」については後の章に譲るとして、「予知」について解説しておこう。

例えばマスターベーションを行う際、自分なりの性欲を高める妄想を抱きながらというのは誰もが体験済みでおわかりのことと思うが、個人の妄想には限界がある。だが、それに対しそこに相対するもう一人、性欲を共有できる人間（パートナー）がいたなら一個人のイメージのみならず、相対する人間のイメージもさらに重なり合ってくる。それを融合するために二人の間で言葉が行き交わされ、それによりそれぞれのイメージがさらに膨らみ、また相手の行動、行為によって次なる展開の「予知」が互いに起こり、個人でのイメージ許容量を越える世界が広がっていくのではなかろうか。また、その「予知」が読み切れないと、別なる膨らみもでき、さらに有機性の富んだ形へと発展していくのだ。

この有機性、平たくいってしまえば妄想を抱く心理は、特にSMプレイという嗜虐、被虐性の高い性戯にはなくてはならない要素のものである。

では、その心理を掻き立て、沸き上がらせるための「予知」というファクターについて触発の具体例を、野球の練習で行うキャッチボールに例えてみる。

捕球の練習を相手にさせている。最初はオーソドックスに定石どおり胸元に投げてやるだろう（セックスでいえば俗にいうノーマルというやつだ）。これだけを繰り返していても惰性で全くメンタルな要素がないので、お互いにつまらなくなってくる。

そこでワンバウンドの球を投げてみたり、ジャンプしないと捕球できない球を相手の力量に合わせて投げていくこととなる（心理面での揺さぶり）。それも事前にどのような球を投げるか言わずに、である（相手の「予知」を外す揺さぶり）。

最初はうまく捕れないかもしれない。それが数を重ねるうちに難なく捕れるようになってくる（相手の要求することに応えられた悦び）。

投げてやるほうも、はなから絶対に捕れない球はキャッチボールなのだから投げるべきではない（許容を越える揺さぶりはプレイではない）が、より捕りにくい球、より難しい球へと変えていく。

捕るほうもだんだんとそれが上手く捕れ、相手にも上手く投げ返せるようになる（上手く捕れたら褒めてやるアメの部分）。こうした中で、二人はキャッチボールというものに対しての面白味（ハモれる悦び、情）がいつしか共有できるようになるであろう。

要は、相手が持ち合わせた知識という能力の許容ギリギリの範囲内まで、言葉を使いあるいは行動、行為によって「予知」を揺さぶり、あるいは外すのがＳＭプレイでは効果的ということだ。

肉体生理（フィジカル）について

一言で性感帯というと、そのツボさえわかれば誰もが感じるかのように思えるが、必ずしもそうではない。相手が嫌いな奴であればむしろ快楽どころか不快極まりない。とりもなおさず、彼女の生理性感帯を知るということにつきる。

肉体生理面の触発といえども、精神性（メンタル）を切り離して考えるわけにはいかない点も多々ある。というより、連動していると考えたほうがよいかもしれない。

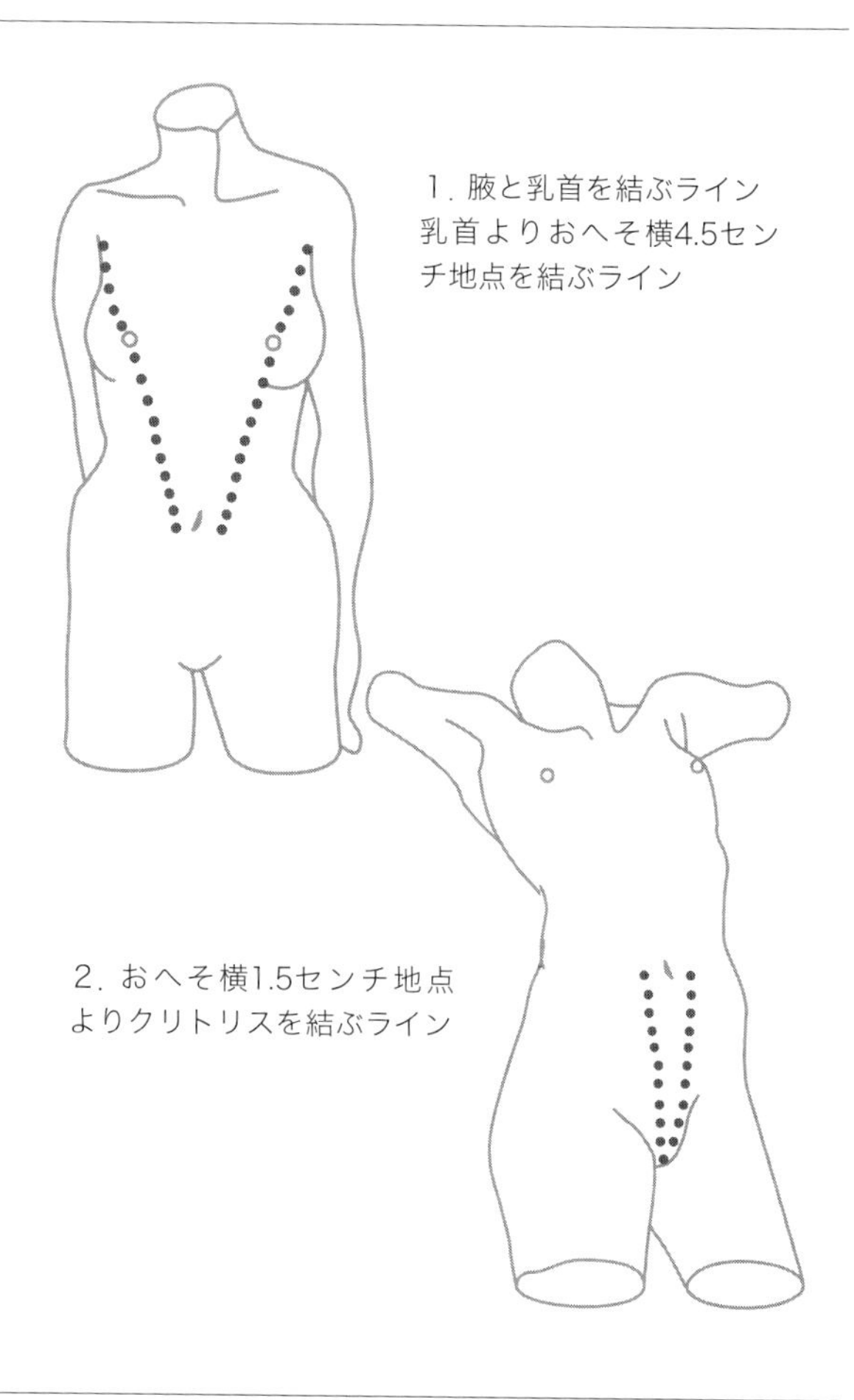
1. 腋と乳首を結ぶライン
乳首よりおへそ横4.5セン
チ地点を結ぶライン
2. おへそ横1.5センチ地点
よりクリトリスを結ぶライン

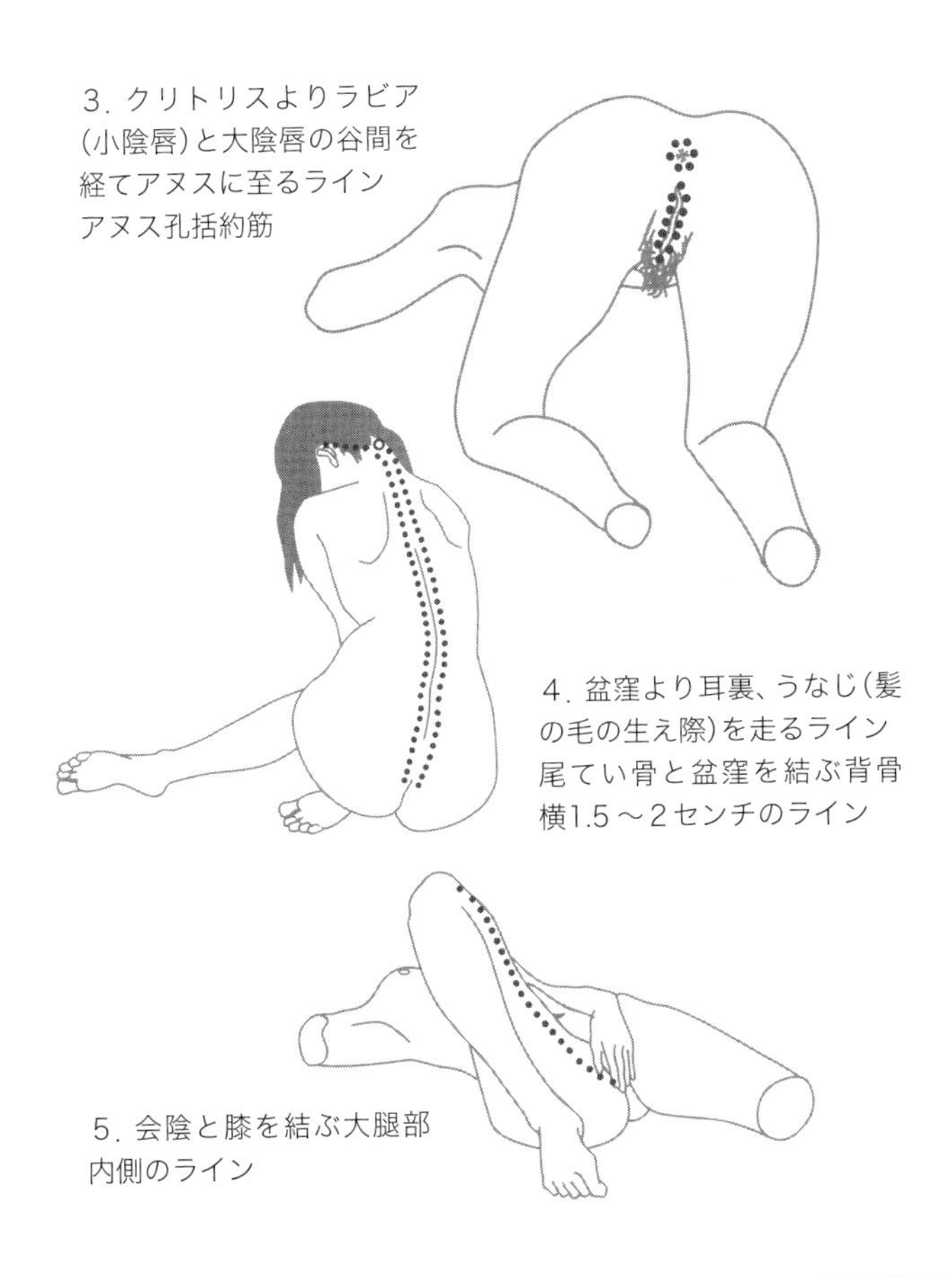
3. クリトリスよりラビア
(小陰唇)と大陰唇の谷間を
経てアヌスに至るライン
アヌス孔括約筋
4. 盆窪より耳裏、うなじ(髪
の毛の生え際)を走るライン
尾てい骨と盆窪を結ぶ背骨
横1.5～2センチのライン
5. 会陰と膝を結ぶ大腿部
内側のライン

愛し合っているからこそ、フィジカルな部分も触発されるのだ。俗に女性の性感帯とか性感のツボと称している箇所は、モノの本によっても様々である。実際に興味本位でいい加減な場所を指して説明してあるものも多く見受ける。

ただ実際、女性によってはかなり性感帯、ツボの位置が各所にばらついているのも事実なので、その類の書物の全てが嘘っぱちとはいい切れないのだが。

そこで、六〇～六一頁に、性感帯なる場所を最大公約数で印してみたのでご覧いただきたい。

この点線のライン上に最大公約数の性感帯が走っている。このラインを愛撫すれば必ずどこか生理上快楽を呼ぶツボに当たることは間違いないので、熟知しておくと初対面の彼女でも外れることなくフィジカルな部分が触発される。

性感帯のツボのうち、最大公約数中の最大公約数は、体表上に現れている部分では両乳首とクリトリスである。

乳首の感じさせ方としては、多少のバリエーションを駆使しても基本は乳首に親指と人差し指で、爪先を軽く当てながら突っ立っている方向垂直に、引っ張ってやればよい。

彼女の反応を見ながら強弱はあるだろうが。唇を使ってやる場合は爪に変わるのが前歯である。要領は全く同じで、突っ立ってる方向に垂直に吸い上げればよいのだ。乳児が母乳を吸う時の状態が一番理想形だと思えばよい。

また、クリトリスは、下方向から君の指腹で軽く打診するように撫で上げてやるとよい。いくら快楽のツボといえどもあまり強くこすりつけるようにやると、ヒリヒリさが先に立ち逆効果になる。これも彼女の反応を見ながら強弱は加減するとよい。

体表上に現れていない性感のツボとして膣前庭裏（ちつぜんていうら）、これはちょうど指を挿入し、第一関節を軽く折り曲げたあたりにあるナッツ大のふくらみ（小指腹くらいの大きさ）の中に点（実際には見えない）の状態で存在する。それがいわゆるＧスポットだ。そのナッツ大のふくらみを満遍なく指腹で打診してやると、その点の部分、Ｇスポットに必ず刺激を与え、かなりの効果を示すのは間違いない。

プレイ上の融合（ハーモニー）

彼女とＳＭプレイするにあたり、いかに融合し、ハモれるかとなると、やはり君のリードにつきるとしかいいようがない。

君にもプレイに対してのイメージや思い入れがあるのと同時に、彼女にもプレイへのイメージ、思い入れがある。将来にわたって彼女との間にプレイを重ねていきたいと思うのであれば、双方にあまり思い入れの差がない場合は問題ないが、各々の思い入れに開きのある場合、この場合は最初の頃は九対一あるいは八対二くらいの割合で彼女の思い入れを中心に展開すべきで、数を重ねるうちに徐々に君の思い入れをかぶせていけばよい。そのうち二対八になり、一対九に思い入れのウエイトが君に有利に変わってくる。焦らなくてよい。最後には、彼女は君の色にたっぷり染まってしまうから。

では、お互いを融合さすための大きなポイントを三つ列挙してみよう。

一、プレイの時だけでもよいから、彼女のことを本当に愛しく思っているという意識。

一、メンタル、フィジカル、この二つの大事な要素をいかに綾に織り込むリードができるか。

一、君のリードに対する彼女の全幅の信頼感をいかに持たすか。

以上の三つにあえてプラスするならば、小気味のよい、キレのある技法。

ここで誤解しないでほしい。小気味とかキレというと、何かサッパリしたプレイとでも思われるかもしれないが、客観的に見て、粘着系でベタベタしたプレイでもなんら問題はない。ここでいいたかったのは、プレイの流れの中で、何かモタモタしているとか、次に何をしようかとプレイ中に次の展開を考えているようではいけないということだ。

プレイを進める上でハーモニーを壊してしまうのが、プレイの最中の君のつまらない一言、「アッ！　痛かったの？」「アッ！　ごめん。大丈夫！」「アッ！　間違えた」「どうだったかなぁ」等々。このように相手に不安感、不信感を感じさす言動、振る舞い、これは禁物である。

たとえ「しまった」と思う場面に遭遇しても、余程のことがない限り、これも当然の流れの中の行為だといわんばかりにどんどん進めていくのがコツである。

相手に対する思いやりや優しさをはき違えては駄目である。そのつまらない一言で彼女の昇りいくボルテージが一気に下がってしまうほうが、彼女にとってはもっと可哀相なのである。

歯医者に行って治療を受けている最中、医者に「アッ！ 痛かったですか」とか「アッ！ どこだったかな」とか言われたら、おそらく二度と口を開けるのが嫌になるのと一緒である。なんといっても、彼女は君に全幅の信頼の上でリードを許しているのだから。

要はハモるということは、前述のポイントを踏まえ、君と彼女の歩調をいかに合わせていくかということにつきる。

ビギナーはビギナーなりの、キャリアのある人はある人なりのハーモニーというのがあるはずだ。プレイ後、自分で自分のプレイの流れを客観的に検証することも、ハモるコツをつかめる手段の一つだと思う。

第三章

SMプレイの留意事項

プレイにおける言葉の重要性

言葉はプレイの内容、あるいは当事者の好みにもより、やりとりの多い少ないはあるけれども、それにしてもプレイを悦しむにあたりこれは必要不可欠なものといい切ってもよい。

そのプレイ上必要不可欠な言葉、言語とは、相手に自分の意思を伝える手段、同時に自分で自分に言い聞かす自己意識の高揚、モチベーションなる心理的効果をも有す道具である。

要するに言葉は、脳に収まっている知識（または意識）を呼び起こさせるための触媒である。したがって、言葉次第で脳内の知識（意識）をいかようにも触発させることができ、使い方によってはイメージをも思い通りに構築させてしまえるスグレモノといえよう。

このスグレモノの「言葉」をSMプレイの道具として使わない手はない。すでに指摘したように、SMプレイはメンタルで洗練された高度な性戯なのだから。

それゆえ、一般的なＳＭグッズ同様「言葉」をうまく使うことでプレイの奥行き、幅が大きく拡がることだろう。

ＳＭプレイにおいて、ＳとＭとの間にやりとりされる言葉はそのプレイの状況、設定等によって、大きく性質、性格を異にする。

同じ発音の言葉、例えば「よし、よし」という言葉をとりあげても、そのイントネーションによっては相手に対する褒め言葉にもなり、労り（いたわり）の言葉にもなる。また、逆に相手を追い立てたり、追い込んでいく場合にも使うことがある。

「言葉」と一口にいっても、イントネーションで全く逆の様相を呈してしまうのだ。使い方一つでプレイの状況作りに流れを大きく左右する言葉、プレイにおいては大切に使いたいものだ。

では、その「言葉」でＳＭプレイ中に比較的よく使われるパターンを挙げると、次の四つに分類されるかと思う。

一、相手を支配、命令、あるいは煽ったり、追い打ち、追い込みをかけていく場合

「お前は俺のなんなんだ」

「…………」

「黙っていたら、わかんないじゃないか」

「お前は、俺のなんなのか、はっきり言ってみろ」

「奴隷です」

「お前は俺の奴隷なのか」

「そうか奴隷なのか、じゃぁ俺の好きなように扱わしてもらうか。いいな！」

「…………」

「返事は！」

「……ハイ……」

この場合特に説明を加えることもないが、要するに、Sである君とMである彼女の心理的なスタンスを明確にする場合に使ったり、プレイを流していく中での速（すみ）やかな

リードあるいは、プレイの流れの方向性を見定めさすのに使う。

二、言葉を被せ、イメージを増幅させる場合

「どうだ！　羞(はず)かしいのか」「羞かしければ羞かしいと言ってごらん」

「羞かしい……」

「何を言ってるのか聞こえないよ」「もっと大きな声で羞かしいなら羞かしいと言いなさい」

「羞かしい」

「そうか！　羞かしいのか！」「本当になんて羞かしい格好をしているんだ」

てな具合に、「羞かしい」という言葉を、君と彼女との間で何回か繰り返し、被せることによって、彼女の羞恥心をさらに増幅させ被虐者としての感情の昂ぶりを高揚させるために使う。

他に感情の昂ぶりを促すために「嬉しい」「気持ちいい」「愛してる」等々の言葉もよく使う。

三、感情の揺さぶり、言動を反転あるいは「すかす」場合

前述の一、二のパターンの場合が、被虐者Mの脳に収まっている知識・意識を順よく引き出してやる補完作用的な要素を持つ言葉の投げかけであったのに対し、この三のパターンは、その取り出した知識・意識なりを、嗜虐者Sにより否定されたり拒否されたりする言葉に変わってくる。

それにより、順よく引き出されかけていた彼女の知識なり、意識なりが混線状態になり、そこに被虐感が沸き起こってくるというわけだ。同時に君に対し、意識の混線、混乱から逃れたいという本能から、彼女はより従順に君のリードに従うことになる。

「痛いか！」

「痛いッ……！」

「何が痛いんだ。本当は気持ちいいんだろ」

「気持ちイィ〜」

「なんだ、お前これが痛くなくて、何が気持ちいいんだ」

という具合に、右と言えば左、左と言えば右と言葉で揺さぶったり、反転させることによって、より被虐者Ｍの心の昂ぶりを高めていくのだ。

若干ニュアンスは違うが、次のようなケースもこの範疇に入ると見てよい。愛犬を飼っている方ならやったことがあるかもしれないが、愛犬の前で餌器にドッグフードなど餌を入れ、まさに愛犬がそれを食そうとする瞬間「お預け」なんてことを言って、行動にストップをかける。これは主人の命令に服従さす、躾(しつけ)を教える一つの技法としてよく行われている。そしてその我慢のあとの「ヨシ！」の一声が愛犬の食への期待を膨らませ、服従心をより増幅させるようである。

これは命令～支配～行動制止～解除～悦び、といったプロセスが、全てリードする側である君の意識の下にコントロールされているという点で、彼女の被虐者としての悦びにもあてはまる。

四、褒める、労り、安堵感を呼び起こさせる場合

だいたいにおいて、プレイの終盤で発することが多いが、プレイの流れの過程にお

いても、メリハリをつける意味合いから使うことも多々ある。とりわけ前述の三パターンと連動さす使用法が多い。

「ダメ！」「まだ、しゃぶるのは早い」「○○をたっぷり受けてからだ」

「…………」「…………」

「ヨォーシ、じゃァお前の欲しがっていたものしゃぶらせてやるか」「しゃぶらせてくださいと言いな」

「ご主人様の大事なものしゃぶらせてください」

「ヨシ、しゃぶれ」「うーん！　その調子その調子なかなか上手いじゃないか……」

「ヨシヨシ」

「…………」

よく「アメと鞭との使い分け」といわれることがあるが、これはいわば「アメ」の部分である。

また、プレイの最終局面、フィニッシュへの段階が終わったならば、

「よく耐えたネ！」

とか、

「君の表情が大変、美しく見えたよ！」
とか、数多く言う必要はないが、労り、褒めの言葉も一言発してやる、これもプレイにおいては重要なことである。その後は黙って心地よい余韻の中に彼女を浸らせてやればよい。

言葉のやりとり、キャッチボール

プレイにおける状況作りのための言葉のパターンは前述の一～四で網羅されているが、さて、その言葉をいかに彼女の口から発せさせ彼女との間でキャッチボールできるかとなると、これまたなかなか最初のうちはうまく噛み合わない。

君が、彼女からの君にとって都合のよい応えを期待して言葉を発しても、彼女から返ってくる言葉がなかったり、あるいは君が期待する応えでない言葉が返ってきて、プレイの方向性すら変わってしまうこともある。

ビデオだとか映画のように互いの台詞まわしが決まっているわけではないので、君の投げかける言葉に彼女としては何と応えればよいのか、どのような言葉を返してくるのを君が期待しているのか、あるいは、あまりにもできすぎた言葉を返すと、プレイに慣れ親しんでいるように思われるのも癪だし、等々彼女はつい考えてしまい、戸惑いの色を見せてしまうことがよくある。

結局、彼女からの応えは「……」。これでは君は次の球を投げるにも困り果ててしまうだろう。

要するに言葉のキャッチボールに慣れていない二人にとっては、むしろ「言葉」がプレイの流れ上邪魔になることすらある。

プレイ上重要な要素である言葉が、プレイのブレーキになったのでは二人は惨めである。

それを解消するには、リードする君の言葉の発し方を一工夫すればよい。彼女から返る応えの言葉を用意しておいてやるのだ。すなわち二択、三択方式を採れば、その中から言葉を選んで発するだけなので、彼女にとっては楽に球（言葉）を君に返せる。

君　「どうだ、気持ちいいのか！　悪いのか！　どっちだ」

彼女「気持ちいい……」

このように「気持ちいいのか」「悪いのか」と二つの応えを君の言葉の中に織り込んでやり、彼女はこのうちから選べばよいようにしてやると、彼女は自分なりの台詞は考えずに済む。

ただ単に君が「どうだ、どうだ言ってみろ」では、彼女は返す言葉に何を持ってくればよいのか悩んでしまい、プレイにブレーキがかかってしまうというものだ。

「白か、黒か、赤か、どれなんだ」

「赤です」

この「白」だとか「黒」「赤」に君の意図する言葉をあてはめてやれば、それでよい。その中から彼女は言葉を選んでただ返すだけ。そのうち何回かプレイを重ねれば、言葉のキャッチボールのコツも自然に覚え、あえて二択、三択方式を採らなくても、「どうだ！」だけで「赤です」とか「白です」という具合に君の意図する応えが返ってくるようになるものだ。

メンタルな有機性を膨らますテクニック

ＳＭプレイを数重ねて悦しむうち、事前に「いつ」「どこで」と決めて悦しむ場合もあれば、その時の成りゆきでプレイに走ってしまう場合もあるかと思う。

この前者の場合、君自身、事前準備を整えることもでき、またシチュエーションも頭に入っているのでプレイの全体の流れ、構図も作りやすい。

当然その一方、彼女においても事前に決まっていたことゆえ、心の準備、自分なりのイメージをも創造しているに違いない。

それはそれで良しとして、もしその場所「いつものところ」が何回も続くとなると、いずれプレイがパターン化する恐れがある。ひいてはプレイの硬直化、あるいはマンネリ感を招くことにもつながってくる。

本書の随所にＳＭプレイはメンタルで、有機的な性戯であるといっているわけだが、このメンタル性、有機性を膨らましていくには、プレイテクニックのバリエーションと、シチュエーションの変化しかない。要するに、プレイには絶えず新鮮度が要求されるのだ。

そこでプレイテクニックの技法向上は、となると若干時間がかかり、その場、その時に間に合わないこともある。となれば、できるのはシチュエーションの変化に頼るしかない。

同じ場所であっても、一工夫すればシチュエーションなど簡単に変えることができる。それには人間が本来持ち合わせている感覚五感のうち、視覚、聴覚、嗅覚、この三覚に絞って工夫すればよい。僅かな下準備で、効果は覿面(てきめん)である。

視覚に訴える場合

自室であれ、ホテルであれ、照明の色調に工夫する。

例えば、自室の天井灯が蛍光灯の場合、九分九厘、白色蛍光灯であろう。これをプレイ前にブルー色、あるいは赤色の蛍光灯管等、好みに合わせて変えておく。ホテルであれば写真撮影時に使う、カラー耐熱セロファンで照明器具を覆う。これだけで、通常太陽光等をベースとした光源の下で生活している我々にとっては他の色光は刺激的であり、興奮への昂ぶりもひとしおである。

電気の照明のみが照明ではない。例えば、燭台に立つローソクの灯に光源を求めるのも情感がある。

もちろん照明だけではない。それがインテリアであったり、あるいは身に纏(まと)わす彼女の下着、衣装も含めてである。目に入るもので君が一工夫することにより、プレイの構図は幾様にも変えていくことができる。

聴覚に訴える場合

聴覚は耽美(たんび)性を誘うBGMにつきる。これもプレイの構図によって選曲等に工夫すべきだ。

音楽ではないが、案外面白いのは読経のCDなども背徳心がくすぐられ、プレイの構図によっては効を奏す場合がある。

また、彼女に目隠しなどすれば、イメージが膨らましやすく幻想の世界へ導きやすい。視覚がふさがれることにより、聴覚が鋭敏になり、刺激度が高まりやすくなるからだ。このように視覚との連動も聴覚を生かすのに有効な手段といえる。

嗅覚に訴える場合

香水・オーデコロン等でプレイを演出する。これこそ各個人の嗜好性の強いものだけに、自分の好みに合わせて工夫すればよい。

ちょっと洒落気があれば、お香を焚くのも耽美性を増幅するだろうし、線香なども一興である。

逆に、視覚、聴覚は物理的に遮断することができるが、この嗅覚はそれが難しい。そのため、視覚・聴覚的にはシチュエーションとしてはクリアできているにもかかわらず、生活感漂う臭いがあると全てを幻滅させてしまう危険性もある。

むしろ嗅覚で効を奏さすというより、生活臭を排除しておくということを心がけたほうがよいであろう。

以上、視覚、聴覚、嗅覚の三覚に訴え、シチュエーションそのものの変化を試みることをすすめたが、いずれにせよ通常の生活空間から異次元へ移し変えることが大切で、君のセンスに期待する。

SMグッズなる小道具には凝っていろいろ揃える輩はいるが、プレイを感覚的に補完するところまでは、あまり思いを込めようとする人は少ないようだ。

イメージの世界を体現するのがSMプレイの一つの側面であるから、そのイメージを高揚さすためにも是非シチュエーションについても力点を注いでもらいたい。

成りゆきでプレイに入ってしまう場合

次に後者の、成りゆきでSMプレイに入ってしまう場合である。

例えば業務終了後のオフィスであったりデート中の公園であったり、様々なケースが想定される。

これらは、お互い事前にSMプレイを悦しむつもりで逢ったわけでもなく、また、端からそれを目的で逢ったわけでもない。それだけに、シチュエーションがどうだこうだということはあまり考えなくてよい。

というのは、このケースの場合、あくまで自然の成りゆきの中で行われたという別の側面、要するに、事前に意図して行われたものでないという予期せぬ出来事、人為的（作為的）要素のないものだけに非常に刺激的なのだ。

この場合、効果を高めるためのシチュエーションが先にありきではなく、シチュエーションが君たちのプレイをあとから包み込んでくれると考えたほうがよい。

もちろん、最初から意図して場所をオフィスだとか、公園、車中などに設定していた場合は、この限りではない。その場合はそのシチュエーションの変化を最大限プレイに利用することはいうまでもない。

プレイのスタートのポイント

ＳＭプレイは房事ゆえ二人の阿（あ）・吽（うん）の呼吸でスムースにプレイに入っていければ理想的なのだが、ついついＳＭプレイとなると、スタートのタイミングを計りかねたり、妙な意識が働いて、演技っぽくなりがちなきらいがあるようだ。それも上手な演技ならまだしも、田舎芝居を絵に描いたような、臭い演技をする輩がいる。

それも、ビデオなどの影響を受けたのであろう。男性S氏の足許に奴隷であるM女が跪き深々と頭を垂れて「宜敷く、ご調教の程を」てな臭い台詞まわしでスタートする。このようなスタイルが二人にとって一番うまくスタートできる、というのであればそれはそれで良しとしよう。

だが、なんとなくイメクラ調で白々しく感じないだろうか。必要以上の芝居臭さはプレイの流れの中でも引きずらざるを得ない状況に陥り、別の苦労をしないといけない羽目にもなる。

では別の苦労とはどういうことか、少し解説しておこう。

プレイするにあたり、最初からあまりにも明確なS氏とM女のスタンス、あるいは精神的距離を確定することは避けるべきだ。おのずと双方の意識の中でそのスタンスが一つの枷となり、プレイを流していくことが窮屈になる恐れがあるからだ。

二人のプレイは状況に応じて距離が拡がったり、狭まったりするもので、あらかじめ双方のスタンスを確立させてしまうと、その有機的な動きを束縛しかねない。最初から最後まで芝居仕立てでうまくできればよいのかもしれないが、皆が皆、役者でもないのにうまくいくはずがない。あまりスタンスを硬直化させたスタートは避けるべきである。

ではスムースなスタートとは、いかにすればよいのか一例を挙げてみよう。

ごく普通に抱擁して、「愛してるョ！」とか「君のことが好きだョ！」程度の軽い囁きぐらいから入っていく。

そして彼女の呼吸に少し乱れを感じたとみるや、おもむろに、抱擁態勢のまま、彼女のお尻に軽くスナップを効かせた君の手によるスパンキングを与えれば、口には出さずとも「さぁ！　プレイを始めるゾ」というサインを送ったことになる。たったこれだけの作業なのだ。

彼女の性回路にエンジンがかかったその時ゆえ、フィジカル、メンタル両面にわたって即座にＳＭ回線にスイッチされるはずだ。

このような導入法は一例ではあるが、とにかく自然な流れをもって行うことがプレイに幅と厚みを持たせるように思う。各人で工夫してみてほしい。

そのうち数重ねてプレイをしていけば、阿・吽の呼吸をも会得できるだろう。あまり構えることなく「自然に、自然に」をモットーに始めてほしい。

ゴールのポイント

次にゴールだが、ひょっとすると多くの人がＳＭプレイにおいて、最後にはオルガスムスを迎えさせてやらないと彼女に対して悪いのではないか、イカセてやらないとプレイが終わったことにならないのではないかと考えているのではなかろうか。

もちろん、男女双方ともに精神的であれ肉体的であれ、オルガスムスを迎えるに越したことはないが、あまりそれを究極に置くことで、プレイの最後の最後にきて、なんとかしなければとの思いが勝ちすぎて二人のハーモニーが崩れてしまうことが多々ある。そのような事態になると大変惨めである。

君、あるいは彼女においても最後に期待する部分はそこにあっても、どうしても生理的に到達しない時もある。生身の人間である以上そのようなことはあってもおかしくはない。

特にＳＭプレイという、精神的にも肉体的にも有機的な性戯では、プレイの流れの中で受け身である彼女は、かなり性生理上揺り動かされているのである。

最初に君が描いた構図では、最後の最後に彼女の頂点を持っていこうと考えていたとしても、あまりにもプレイの流れに酔いしれた彼女の性エネルギーがプレイの流れの中で使い果たされ、最終局面の段階では底をついてしまうとも考えられるからだ。

これはこれで大変素晴らしいことで、けっして究極のオルガスムスが迎えられなかったからといって、自信をなくしたり自分を卑下することはないようにしてほしい。

むしろ、最後、彼女がイカないことで君に焦りが生じ、

「イッたか！」

「オイ、イクんだったら今のうちだぞ！」

「イク時は、イクと言うんだぞ！」

「サア！　早くイケ」

というような「イク」とか「イカナイ」の言葉のオンパレードは、やめておいたほうがよい。

せっかく彼女がプレイに酔いしれ、それなりに満足感、充足感があるにもかかわらず、最後の段階で君に「イク」「イカナイ」の言葉を連発されると精神上疲れてしまい、「イッた」ふりをしてしまうのが関の山だ。

要は、結果オルガスムスを迎えられれば良しとして、何もそれを最終目標にする必要はないということだ。

何より、プレイの流れ、二人のハーモニーが大切で、彼女もそれを望んでいる。どうしても最終のオルガスムスを迎えたいというタイプの彼女であれば、しっかり自分で最後のエネルギーは残しているだろうから心配しなくてよいだろう。

第四章

被虐心理の分析・効用

逸脱こそが被虐感を創造する

ＳＭプレイは、プレイをリードする立場にある嗜虐者（Ｓ）のリード次第でプレイそのものに膨らみが出たり、奥行きが深くなったりするものである。

いかに受け身である被虐者（Ｍ）のメンタルな部分を触発させるか。嗜虐者（Ｓ）の腕の見せどころである。

プレイのパターン化、マンネリ感をきたさないためにも、被虐者（Ｍ）の被虐心理面をあらゆる角度から触発させる。これがプレイの有機性を促し、被虐のイメージを創造させるのに大きな役割を果たすのである。

その役割を果たす要素・要因を体系別に挙げると、

一、拘束、留置

二、羞恥

三、被支配、従属

四、弄(もてあそ)ばれる、レイプ願望

五、背徳

等々、五つの要素・要因が考えられる。

これら五つの要素・要因は、いずれもメンタルなもので、被虐者（M）の学習・知識の度合いと量、あるいは質によって許容量の多い少ないはあるが、ほとんど無限大への広がりを見せ、その有機性たるや、許容に限度のある肉体面とは比べものにならない優位性を持ち合わせている。

ただし、限りある肉体面の許容も精神面（メンタリティ）の高揚により、ごく僅かではあるが許容の限りを超えることがある。

とはいうものの有機的広がりという点では、肉体面は精神面（メンタリティ）を超えることができない。つまりSMプレイはメンタル性なくして成立しない性戯ゆえ、前述の五つの要素・要因がプレイの上でいかに必要不可欠なものであるかおわかりいただけると思う。

では、それら五つの要素・要因をそれぞれにわたって分析、性格づけしてみよう。

ただし被虐者（M）の持つ個人的価値観、ボキャブラリーを含めた知識、社会通念意識等、平常時における基軸になる部分は、あらかじめ把握しておかねばならない。なぜなら、その基軸を起点にした逸脱の度合いが、それら五つの要素・要因を触発さすに他ならないからだ。

一、拘束、留置

「拘束」「留置」と言語の違い、意味合いも若干異にするが、被虐者に彷彿さすイメージはほとんど変わらないので体系別では一係累にした。

「拘束される」「留置される」というのは、自由を剥奪されるということに他ならない。

要するに能動的な行為が本人の意識に関係なく排除され、その結果、他人の手を借りなければ何もなすことができない。

さらにいうと、自己の意志すら束縛され、他人の意志によってのみ、あらゆる行為行動に応ぜざるを得ない状況、精神状態。自己の能動意識を取り上げられる不自由さ、その結果、自己を全て相手方に委ねざるを得ないという消極的安堵感、安心感が沸き起こる。

例えば、ロープ等で捕捉され、肉体的自由を奪われたとする。動物的本能により不安感、恐怖感が当然のごとく生じ、同時に解放された時の自由へと気が走る。しかしながら自分自身では物理的に解くことができない。となると相手方に解いてもらうしかない。捕捉した相手もなんらかの思い、理由があって拘束したのだから、それがクリアされないうちには応ずるわけがない。

その思い、理由が性的欲求であったとする。拘束された側が、どうしても解放を望むのであれば、その代償として相手方の思いを飲まざるを得なくなる。

拘束された側としては人間の尊厳を大いに傷つけられ、屈辱感の伴う被虐心が沸き立つであろうことは容易に想像がつく。仮に自尊心を捨ててまで応じはしないという気持ちになったとしても、相手方も思いを通すためにはより執拗に責めてくることは目に見えている。

ここでさらなる責めを受けるか否かは、被虐者の気持ち一つである。その意識次第では被虐心はますます高揚する。

その結果、精神的、肉体的許容限界の果てに、相手方の思いに応えてしまう。その時点になると「解放され自由の身になれる」と、前途が見え、途端に安堵、安心の気持ちが屈辱感に被さり、一種の諦め、さらには抵抗する気力すら失くし、嗜虐者の手に落ちてしまう。

不安・恐怖〜屈辱感〜消極的安堵・安心感、このプロセスが被虐意識を高揚さす要素なのだ。

「拘束される」という意識に、もう一つの側面がある。被虐感といえるかどうか曖昧（あいまい）な部分もあるが、例えばロープ等でしっかり縛られたとしよう。この場合、被虐者心理として、相手方に力強く抱擁されているとか強く抱きかかえられているという疑似抱擁感を抱く場合がある。このような意識を持ち合わす被虐M女も結構多い。

いずれにせよ「拘束」「留置」感は、SMプレイ上基本中の基本ゆえ、後述の二〜五の要素・要因と絡まることが多いだけにプレイ上抜け落とせない。

二、羞恥

羞恥心というものは一人単独ではなかなか沸き起こらないが、相手、あるいは他人の手を借りるといとも簡単に沸き起こる重宝なものである。他人の視線に晒(さら)されたり、言葉で囃(はや)し立てられたり、ＳＭプレイにおいてもさしたるテクニックも要しないことから、一番多用されているのではないだろうか。

自分一人で風呂に入る時など特別意識もなく平気でパンティを脱ぐにもかかわらず、房事の際、相手方にパンティを脱がされるとなると途端に羞恥の心が沸き起こる。

これは、その箇所が子孫を残すための生殖行為をなす神聖な聖域とされた場所ゆえ、古今東西、人類はなんらかの形でベールに包んできた。その結果、永年の歴史の中で、いたずらに弄んではいけないというような倫理観が醸成されてきたのである。

そのような箇所ゆえ、他人にそのベールを剝(は)がされるとなると、その倫理観が触発され羞恥の心が沸き起こるのである。そしてパンティを脱がされることで、同時に次の展開も予知できてしまうものだから、ますます羞恥心に拍車がかかることとなる。

その「拍車」には、動力となる燃料が必要だ。燃料源とは、言葉によるいたぶりであったり、リードする側の行為行動の様であったりもする。

だが、この羞恥心ほど、被虐者（M）の価値観等を把握してかからないと、まったく意味を成さなかったり、プレイそのものを滑らせてしまう厄介なものはない。というのは、被虐者の価値観基軸を読み間違うと、平常心から羞恥心への逸脱が逸脱でなくなってしまうからだ。

例えば、たまに出逢う二人と、二〇年、三〇年生活を共にしてきた夫婦を比べた場合では基軸になる座標がおのずと違う。当然、羞恥心が沸き起こるポイントも両者では変わってくるはずだ。

また、認識の共通項を欠いたボキャブラリーにもいえる。東京人と大阪人ではボキャブラリーが違ってくる。例えば女性器一つをとっても呼称が違うように。非常に安直に使える要素・要因だけに、キメの細かい配慮が必要である。

三、被支配、従属

被支配、従属心は拘束、留置とも外面的には似通っている節もあるが、被虐者（M）の自発意志によるかよらないかの点で大きな差異がある。

先に述べた拘束感、留置感は、ある種の諦め、開き直りの先にある安堵、安心感を生み出していく、いわばプレイの結果の後天的な要素が強い。片や被支配従属心は、自らが望んで心身の拠り所を相手方に求めるという先天的な要素が強い。プレイの中でも当然使い分けを要する部分だ。

手枷（てかせ）、足枷（あしかせ）を嵌（は）め手綱の付いた首輪をされるだけで従属性安堵感が沸いたり、裸体にエプロン一枚身につけさせられるだけで自己の意識の中に嗜虐者（S）に対する服従的安堵感などが芽生え、心の帰属意識が鮮明になる。

これが被虐者（M）の被虐心を大いに掻き立たす。その結果、嗜虐者（S）イコール「ご主人様」に身も心も捧げたい、あるいは奉仕したいという従属的意識も起こってくるのである。

卑近な例で恐縮だが、筆者の拙宅にも、俗っぽいいい方をすれば「エプロン奴隷」なる三十半ばの人妻がたまに訪ねてくれる。彼女の思い入れは「ご主人様」なる私の身の廻りの世話をし、その結果、私に褒められ犬のように愛玩してほしいという一見他愛のないものである。

しかし問題は、彼女の場合、着衣のままでは全くパワーが出せないのだ。纏(まと)っている着衣を全て脱ぎ捨てさせ、首輪を一つ首につけてやると俄然パワーを発揮してくれる。スッポンポンに首輪、まさに室内犬そのもの。

かような格好となると被虐心がたぎるのか、一所懸命に部屋の掃除などをしてくれる。掃除が終わったとみるや子犬のように私にまとわりつき、労いのお褒めの言葉を待っている。私は彼女の期待に応えるべく褒めてやり、ご褒美に私の一物ソーセージをしゃぶらせてやる。彼女の表情は至福そのもの。彼女は私自身を受け入れたあと、何事もなかったかのように家路につくのである。従属性被虐心溢れる彼女である。

四、弄ばれる、レイプ願望

弄ばれるというのも被虐指向の強いものである。弄ばれる、嬲り者にされるとは、要は自分の意のままにはならないかと思うと、突如、自分の意図するポイントにスコンと嵌まってくれたりといった、揺れの激しさが誘発さす被虐感である。

焦らされることもこの範疇に入るであろう。また、無理矢理犯されるレイプ願望も同一根上のものであろう。時には荒々しく、時には優雅に、時にはねちっこく、これにより味わう彼女の被虐感はSMプレイ中最たるものではなかろうか。

特にこの被虐意識は前述の一、二、三、と連携するのが大切で、連携させることによってより被虐感を高揚させる。猫が鼠を弄んだり、発情期のオス犬が突如としてメス犬に交尾をせまったり、嗜虐的な観点からも、実に動物本能的な要素でもある。

SM官能作家・団鬼六の作品にも、再々この被虐手法を取り入れた場面が登場していることからもわかるように、この被虐感は大変陰湿性の伴うもので、嗜虐者（S）、被虐者（M）双方共に奥深いプレイが悦しめる可能性を秘めているのだ。

例えば喉が渇き、水を欲する状況にあるとしよう。やっとの思いで差しのべられたコップ一杯の水。夢中で一気に飲み干す。しかし差しのべられたコップの水は、実は塩水であった。その結果、喉の渇きはさらに一段と激しさを増す。

「ホッ」としたのも束の間、ますます深みに嵌まっていくこの被虐感。プレイに織り込むには絶品の要素・要因であるのは間違いなしだ。

五、背徳感

宗教的価値観、倫理道徳観等、現代社会生活上、人間が生きていくために都合のよい通念的な枠組みがある。これを逸脱すると、背徳心というものが生まれてくる。この背徳心も、被虐意識を高めるのに都合よくできている。

例えば、本来排便のために備わっている肛門、この肛門への男性器の挿入、一般認識としては排便がための不浄なる箇所を、自己の快楽のために利用するという背徳感。もちろんアナルセックスについては、それだけでというわけではないが、やる側、やられる側にとってその行為が背徳の意識を持ち得るということは否めない。

あるいは神社仏閣、墓地等、社会通念上聖域とされているところ、学校、職場もその中に入るやも知れない、かような場所におけるプレイ、これも背徳感が沸き立つものだ。

映画等に観られるシーンで、亡き主人のお骨を上げてきた晩に、一人仏壇に向かって懐かしい主人との思い出を回想すると同時に冥福を祈る、喪服姿の未亡人。その悲愴感溢れる憂い、艶(つや)っぽさに本能を目覚めさせた亡き主人の弟が背後から、未亡人を襲い犯す。

未亡人も抵抗はするも、義弟の力にねじふせられ犯される。この亡き夫の霊前での行為は未亡人の心中に背徳性の悦びを沸き起こさせ、狂ったように躰を燃えたぎらす。背徳心がいかに被虐感を掻き立てるか、観ているだけで生唾(なまつば)ものだ。

いずれにせよ、被虐意識を高める五つの要素・要因、これら単独では機能しづらい面があるので、それぞれ連携し、かつ肉体（フィジカル）面においてもグッズ等を使用しながら連動させることが、ＳＭプレイの醍醐味ではなかろうか。

最後に、被虐感を掻き立たす要素とは若干異にするので前述の五つの中にはあえて入れなかったが、君と彼女との愛情確認的な部分も含まれてくる。

それは肉体的責めを行う場合、あるいは無理を強いる場合、それに符合して付いてくるもので、「俺のために、お前はどこまで頑張り耐えてくれるのか」「貴方のために私はどこまでも耐えてみせます」という具合に、二人の愛情の深さ、重さを肉体的責めでもって精神的に享受したいという精神構造、ないしは被虐意識とはいえないもののプレイ中に沸き起こる精神状態。

これも一つ、重要な要素として付け加えておこう。

第五章

縛り・概念と実践

縛りの概念

ＳＭプレイではロープ、縄を用い、拘束あるいは被虐者に精神的、肉体的責めを課す手段として縛りは不可欠ともされ、基本中の基本ともされている節がある。何故、ロープ等による縛りがこれほどまでに重用されるのか。拘束するだけであれば皮製の手枷足枷でもよかろうはずなのだが……。

それには、日本の歴史文化から来る要因が多分にあるかと思う。

一つには、我が国には昔から「結ぶ」という文化が社会生活の中に深く根づいている。例えば、風呂敷を包む際の結び、慶弔（けいちょう）時、進物（しんもつ）への水引、日常の進物、菓子折り一つにも紐が掛けられる等、「結ぶ」という様式はごく普段の生活習慣の中ででも随所に見受けられる。

二つには、日常の言葉のやりとりの中にも「縛る」という言語が、外的要因による「拘束」等の比喩的表現として用いられることも多い。「時間に縛られる」「心を縛られる」「金に縛られる」等々、自分の意志とは裏腹の不自由さを示している。

さらに三つ目には、一番、ＳＭプレイと符合するところで、「縛る」という概念がその昔、罪人を捕えるに際し用いられたことにある。

当時は「縄目の恥」と称し、縄を掛けられることが極めて恥かしいこととされていた。その恥辱感が、現代の我々の意識の中にも脈々と内因的に引き継がれてきた点も否めない。

したがって、それら文化、概念が折り重なり合い、ロープ、縄を用いての「縛り」を好む趣味人（マニア）が我が国に多いのは充分頷ける。

しかも、ただ単に闇雲に縛るのではなく、様式美にまでこだわり、「結び」の文化もちゃんと折り込む等、我が国の趣味人の大きな特徴かとも思う。ＳＭ誌のグラビア写真やビデオ、あるいはＳＭショー等で見るにつけ、必ずや定番メニューともされている「縛り」。

また、実際、縛りにはそれら文化から来る分のみならず、ＳＭプレイ上のメンタル、フィジカル両面にわたって、その効用も大いにあるので、ＳＭプレイを悦しむとなればぜひ、縛り方の一つや二つ、身につけておくほうがよいと思う。

その効用はとなると、多くの要素が含まれている。

拘束感、羞恥心、肉体的、精神的苦痛、あるいは疑似抱擁感（ぎじほうようかん）に至るまで、プレイの局面で実に使い勝手がよい。

もちろん、他のプレイとの連動、捕完措置として縛りを用いることもでき、性感帯にきちっとフィットすればフィジカル面での生理的高揚感をも沸き立たすことも可能で、その効果は絶大である。

実践の前に

では、そのＳＭプレイにおける縛り方の基本となる部分をまず説明し、続いて、その基本を用いて具体的な縛りについていくつか解説をしていこう。

その前に、使用するロープ、縄について簡単に触れるとする。

ＳＭプレイには、被虐者への肌触り等を考えると綿ロープ、ジュート麻縄を用いるのが適当かと思う。口径は六～一五ミリ程度、長さについては五、六メートル～一〇メートル前後が使いいい。

実際、縛りのバリエーションを悦しむなれば、使い勝手のよい七、八メートル程度の長さのものを数本用意なされることをオススメする。

　縛るに際し、一本のロープを縄の中央で折り、ロープまたは縄をダブルの状態にして使うことが多い。中央折り曲げた箇所を俗に「縄頭（なわがしら）」といい、端の箇所を「縄尻（なわじり）」と呼称する。

　縛りの手順、展開を次の通り説明していくが、それら用語が随所に出てくるのでご承知おき願いたい。

一、縛りの基本型

　実際の縛りに入る前に、縛る過程において随所に使われる留め方、締め方を説明しておく。

　基本形には、〈雲雀（ひばり）締め・その一〉〈雲雀締め・その二〉〈早川締め〉〈巴（ともえ）留め〉〈錣（しころ）留め〉〈柄（つか）巻き〉〈二重留め結び〉〈滑車掛け〉の八つがある。

雲雀締め・その一

①縄を掛ける対象箇所に、縄頭部分を掛ける。

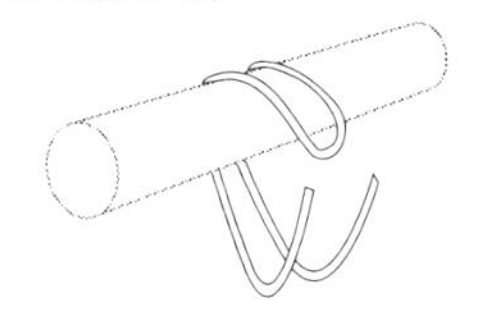

②縄頭の輪の内側から縄尻を通す。

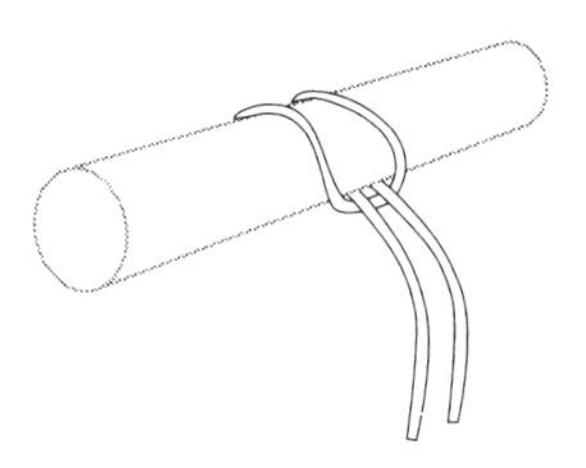

③縄尻を引っ張り、そのまま締める。

雲雀締め・その二

①縄を掛ける対象箇所に、縄尻部分を掛ける。

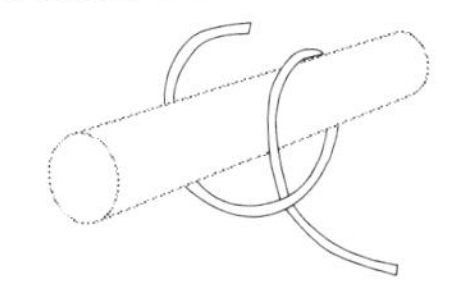

②反対側の縄尻を対象箇所に回しかけ、縄頭の輪の中に通す。

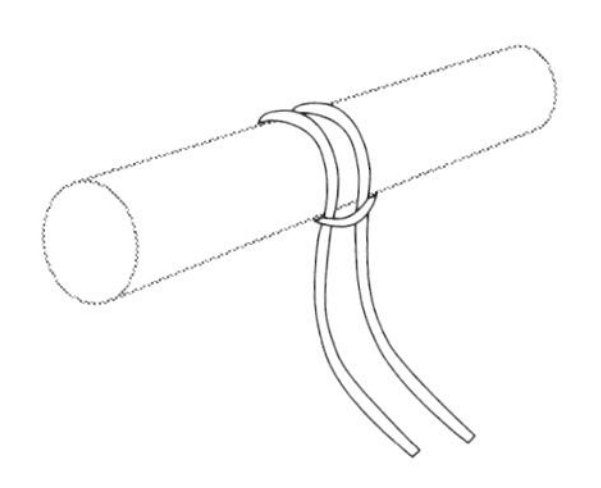

③両方の縄尻を輪に通して引っ張り、そのまま締める。これにより、「雲雀締め・その一」と同様の形で締めることができる。

早川締め

①対象箇所に、縄尻部分から
回し掛ける。

②縄頭から20センチくらいの
ところをもう一方の手でつ
まみ、そこを支点に縄の流
れてくる方向に折り曲げる。

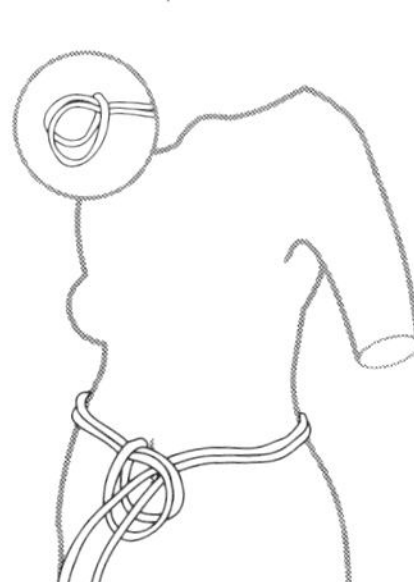

③折り曲げた縄頭の輪の中に
手を通して縄尻側の縄をつ
かみ、輪の中から引き抜く。

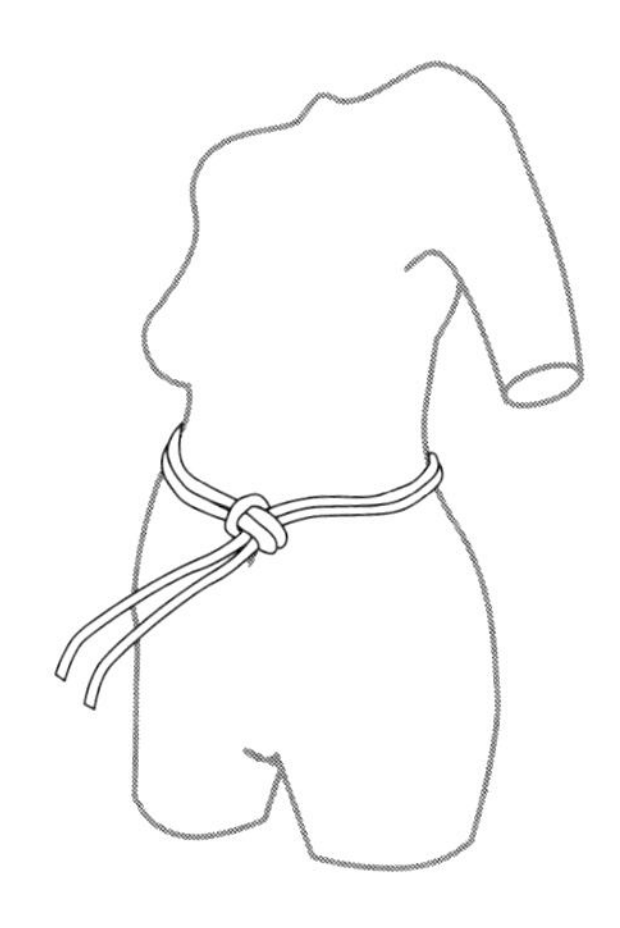

④引き抜いた縄尻を引っ張り、ベルトのバックルを締めるようにして、じわじわと締めていく。

巴留め

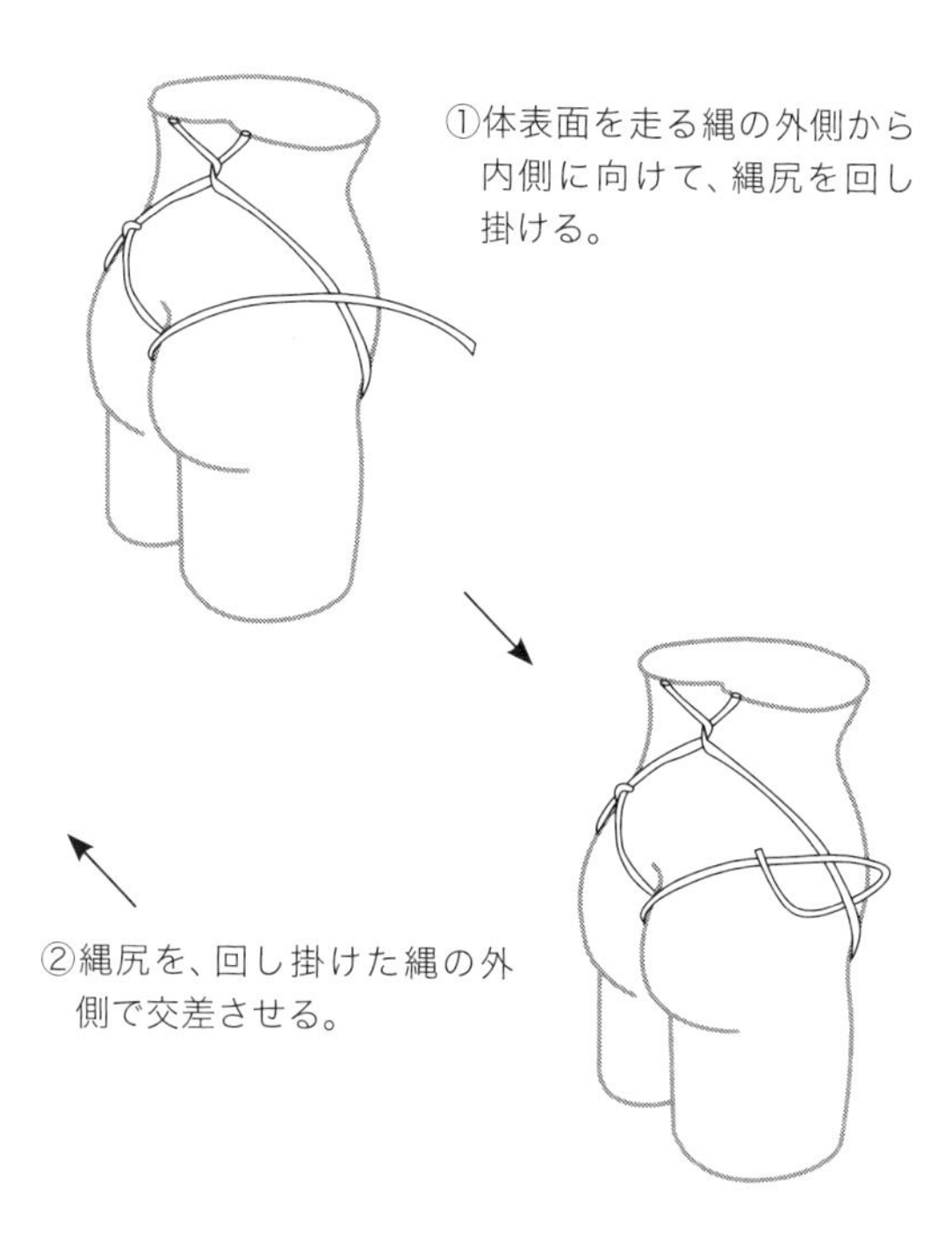

①体表面を走る縄の外側から
内側に向けて、縄尻を回し
掛ける。

②縄尻を、回し掛けた縄の外
側で交差させる。

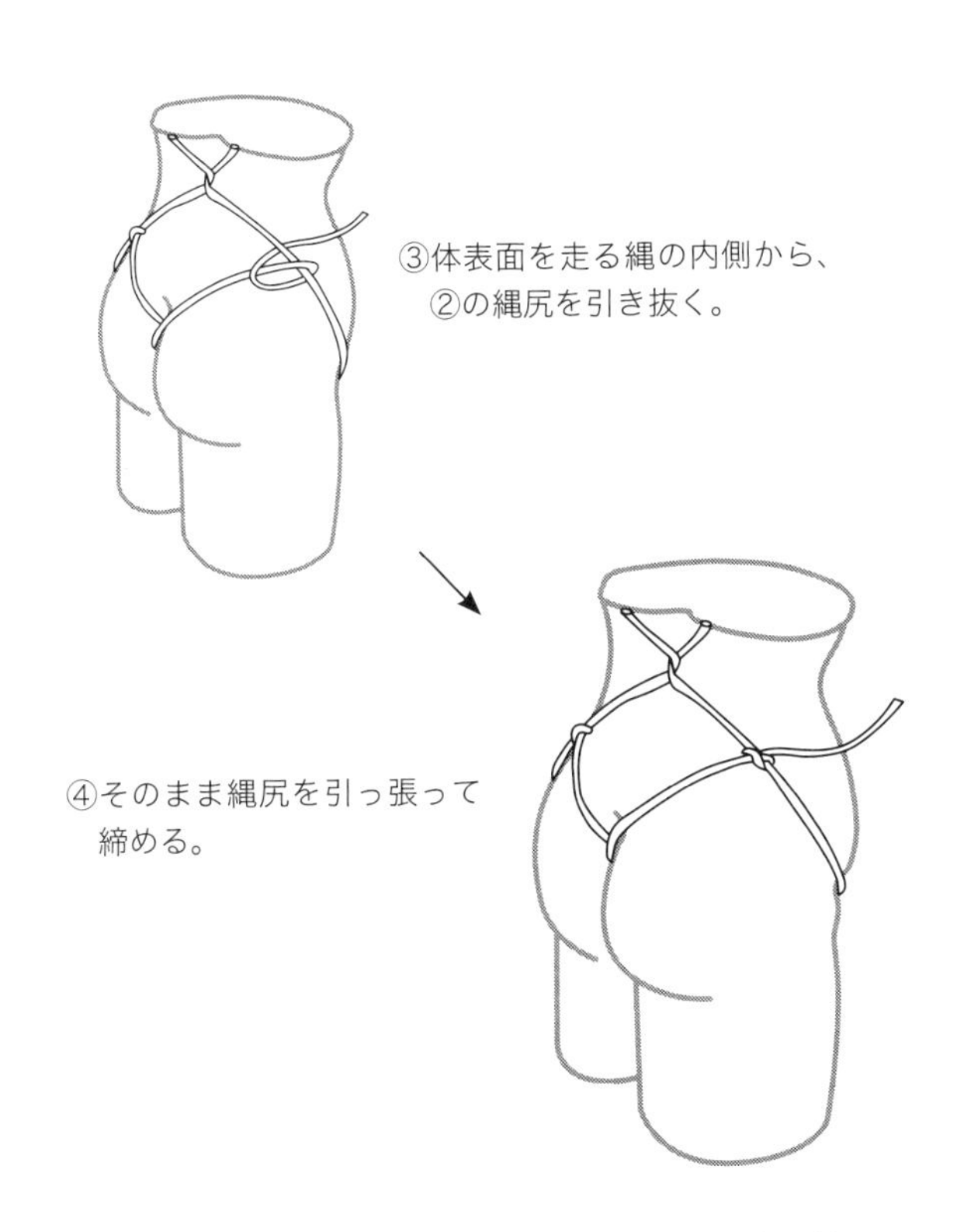

※走る縄と回し絡めた縄が巴の状態となり、走る縄が前後にズレなくなる留め方。肉厚で弾力のある箇所、たとえば臀部や乳房などに効果的である。

錣留め

①対象箇所(両手首、両足首、両膝等)に、縄頭から一重もしくは二重に回し掛ける。

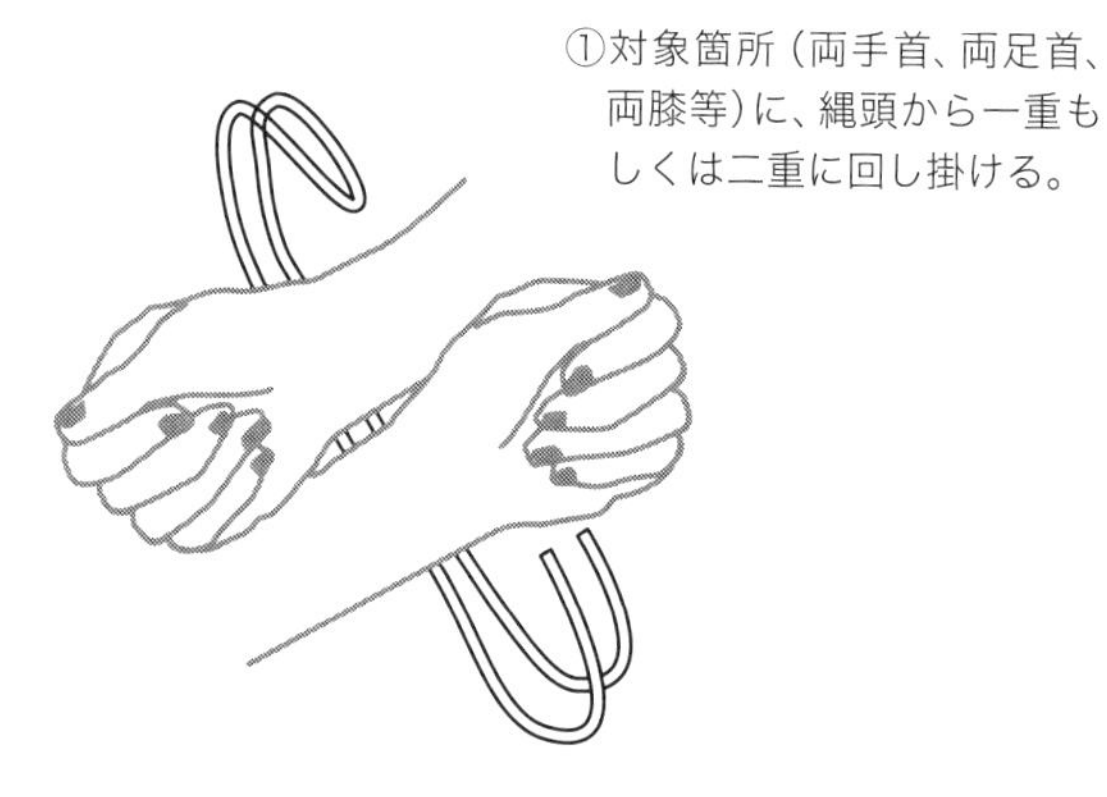

②回し掛けた縄頭と縄尻を交差させる。

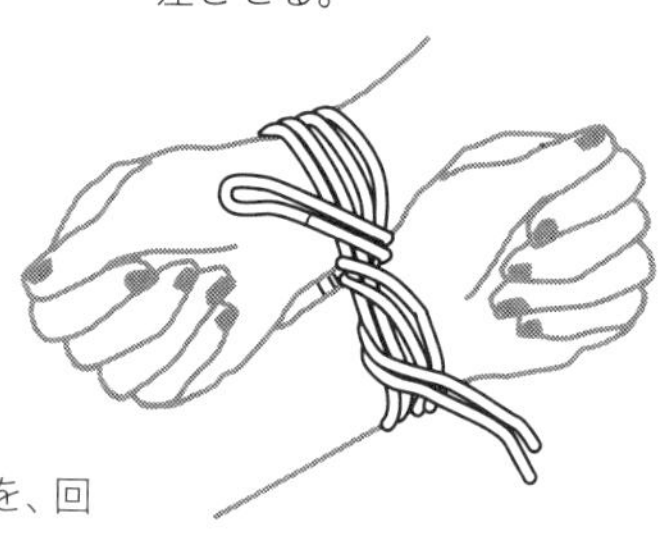

③交差させた縄頭部分を、回し掛けた縄に巻き込む。

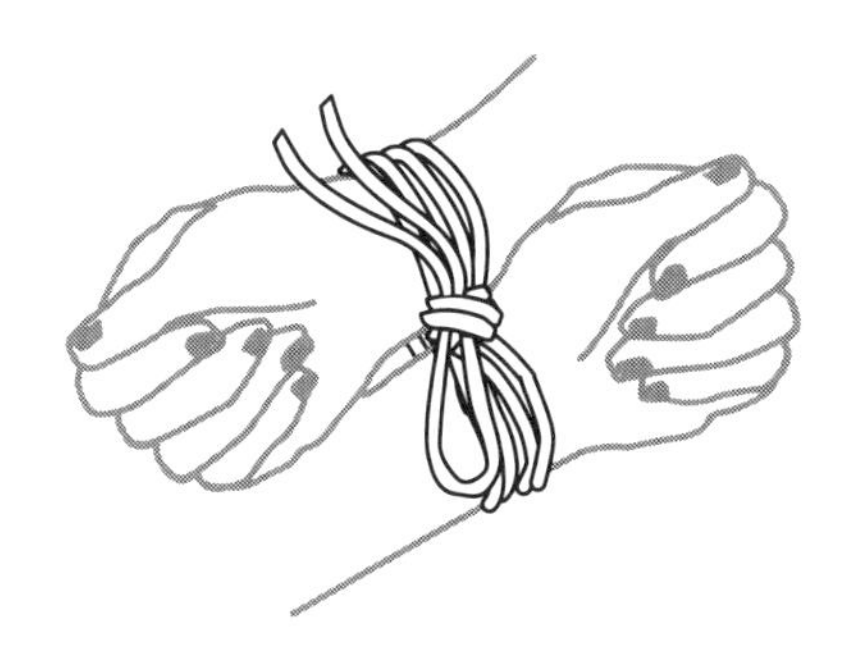

④巻き込んだ縄頭部分と縄尻部分を一重結び、もしくは固結びで留める。
両手首、両足首など血管の寄り合うところゆえ、絞め具合については血流を妨げない程度に、ややゆとりをもって縛ることが肝要である。

柄巻き

（最後の縄尻の処理に使うことが多い）

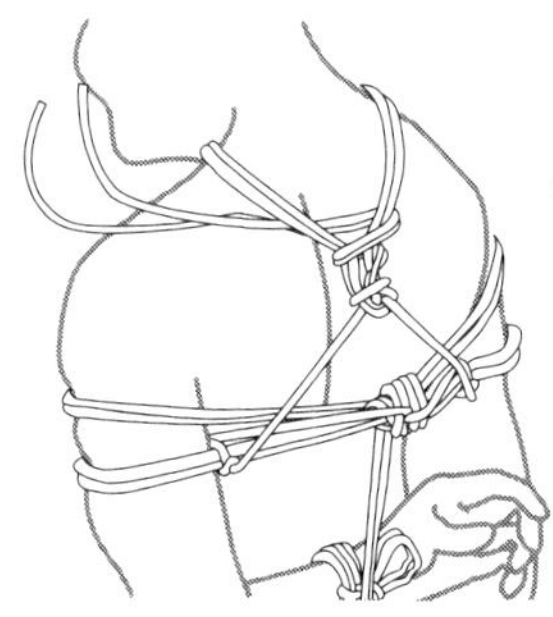

①縛り上げた最後、一重結びもしくは固結びをし、余った縄尻部分を身近に走る縄に巻きつけていく。

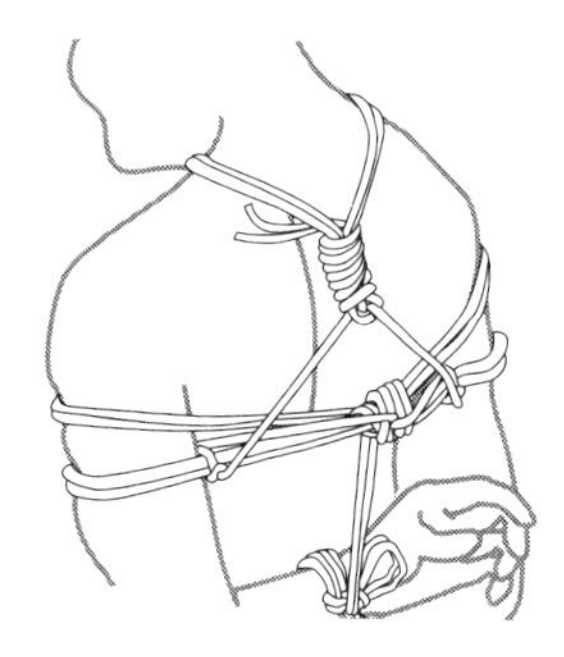

②巻きつける縄が、隙間なく順序よく並ぶように巻きつけていく。

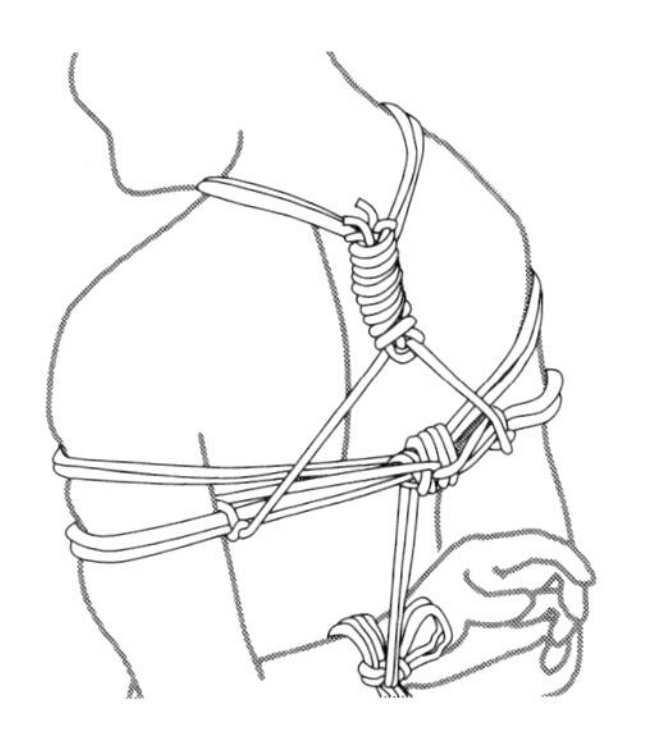

③巻きつけ終わったら、最後の縄尻の処理として、柄巻きの最終段から２巻きか３巻き目辺りに縄尻を通して、柄巻き部分に押し込む。

二重留め結び

（錣締め同様、手首、足首の血管・血流の妨げにならないように留める結び）

①一重の場合は、縛り加減に度が過ぎなければ血流の妨げになることはなく、問題はない。二重以上の場合は、対象箇所に巻き込んだ縄頭部分を縄尻部分の縄と交差させる。

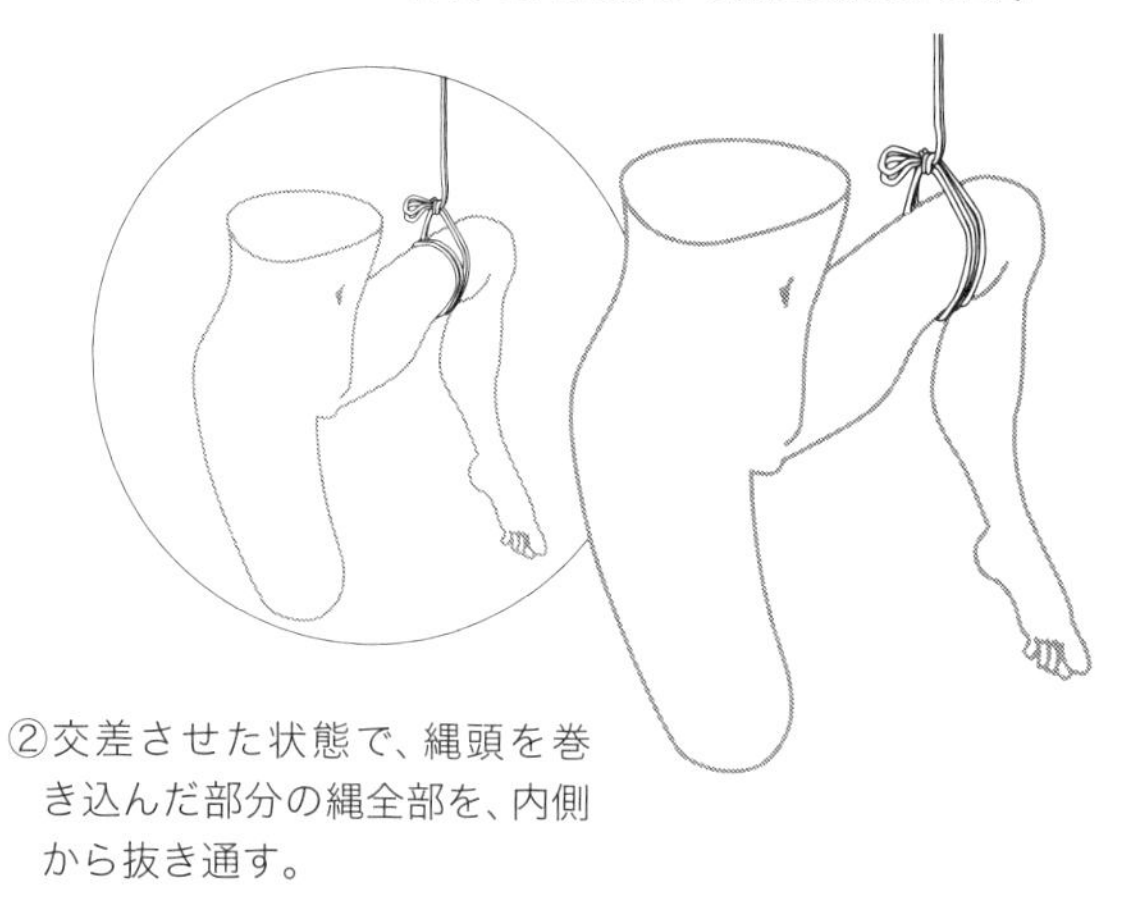

②交差させた状態で、縄頭を巻き込んだ部分の縄全部を、内側から抜き通す。

③抜き通した縄頭部分と縄尻部分の縄を、固結びにより留める。

このように留めることにより、対象箇所を吊り下げたり、引っ張ったりしても血管を締めつけることがなく、血流がスムーズに保持される。したがって被縛者の痺れ防止になり、吊りの持続性が確保できる。

滑車掛け
（被縛者に対する直接の縛りではなく、補完するための縄掛け）

①梁に、雲雀締めもしくは早川締めをして、縄を垂らす。一方の縄尻部分は短く、もう一方の縄尻部分は床に着く程度の長さが適当。

②垂れ下がった短い縄と長い縄を２本揃えて玉結びする。短いほうの縄の縄尻は玉結び箇所から15センチくらいに。

③垂れ下がった長い縄の縄尻を、被縛者の大腿部（あるいは足首部）等に巻きつけられた縄の間または縄頭の輪の中に通す。

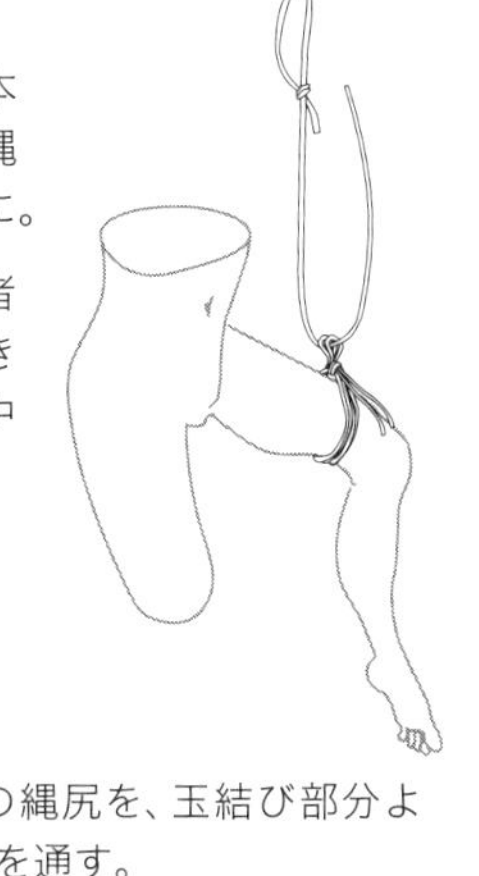

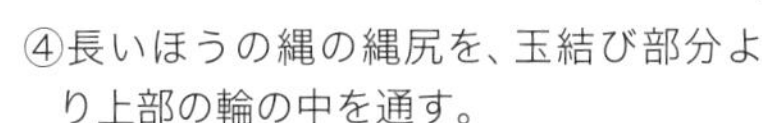

④長いほうの縄の縄尻を、玉結び部分より上部の輪の中を通す。

⑤通したあと、長い縄の縄尻部分を下方向に引っ張り（滑車の原理）、適当な高さに被縛者の脚等が引き上げられたところで、その縄と短い縄の縄尻部分を一重結びもしくは固結びして留める。

こうすることで、より安全、安定した形で吊り上げ、固定させることができる。

二、縛り基本型から派生

ここからは、被縛者への縛り基本型から派生する型の説明に入ろう。派生する型には〈後ろ高手小手〉〈股縄（縄褌（なわふんどし））・その一〉〈股縄（縄褌）・その二〉がある。これら三つにおいて、縛りのポイントとなる基本の部分はほとんど折り込まれている。

被縛者を縛るにあたり、縛り方、あるいは縛りの名称については数々あれど、これらさえできれば他の縛りはほとんど応用できる。自分自身でいろいろと工夫し、チャレンジしてみてはいかがなものか。なお、一三六頁にはSMプレイにおける定番的な縛り、〈亀甲（きっこう）縛り〉についても説明しているのでご参照願いたい。

縛りに熟達してくるといろいろ応用技を試したくなるが、〈駿河問（するがど）い〉や〈逆エビ〉等を行う場合、首から胸元にかかる縄が頸動脈（けいどうみゃく）を圧迫し事故につながる恐れがある。それを回避する手段として、一四二頁に〈巴締めの変形型技〉を説明している。これを駆使することで、その危険が回避できるので、こちらも合わせてご覧いただきたい。

後ろ高手小手

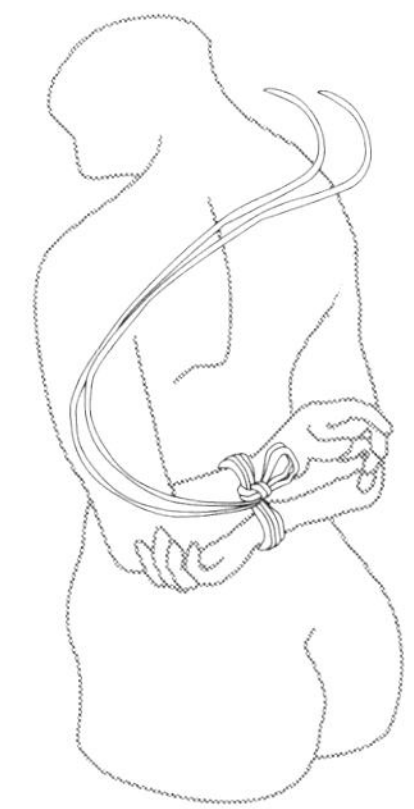

①被縛者の両腕を背面で平行に組ませる。組んだ両手首に向けて、縄頭より縄を巻き込み、二重留め結びで固定する。

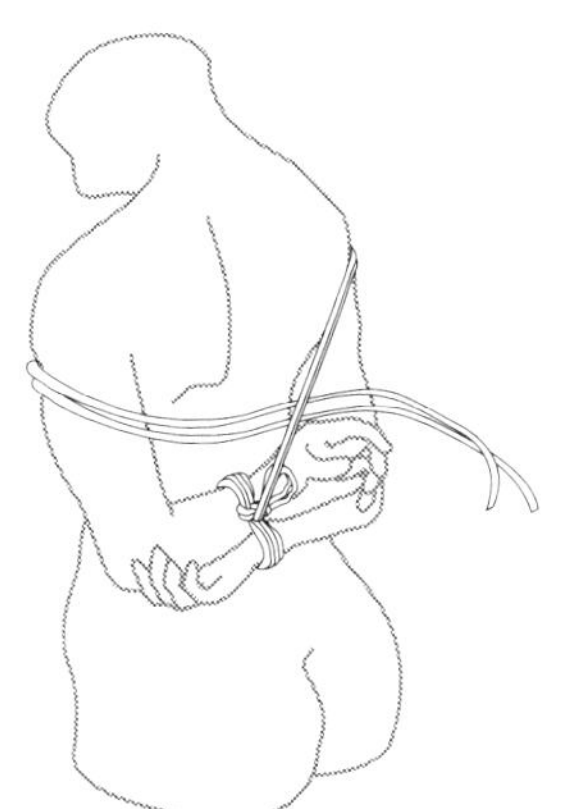

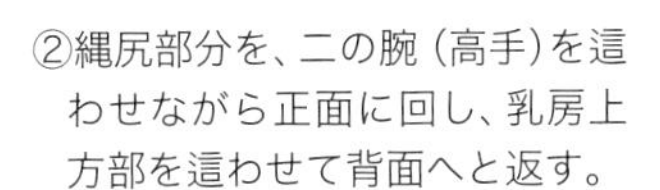

②縄尻部分を、二の腕（高手）を這わせながら正面に回し、乳房上方部を這わせて背面へと返す。

乳房にかかる縄の位置は、乳房の大きさにもよるが、乳輪から約3〜5センチ辺りのところがよい。その辺りに縄掛けすることにより、女性の強い性感帯がある「スペンスの乳腺尾部」の刺激につながって、フィジカル面での効果は絶大。

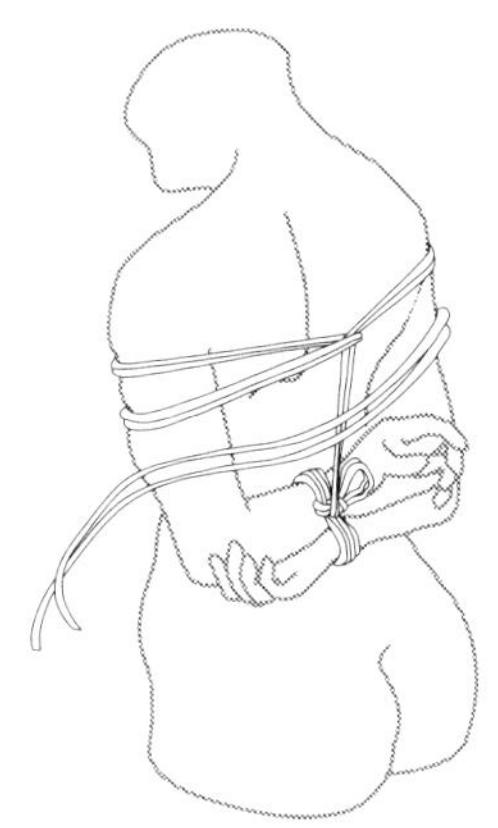

③背面に返った縄尻部分を、手首（こて）から流れる縄に内側から通して交差させ、今度は前とは逆方向から二の腕を這わせて正面へ回し、乳房下方部分を這わせて背面まで返す。

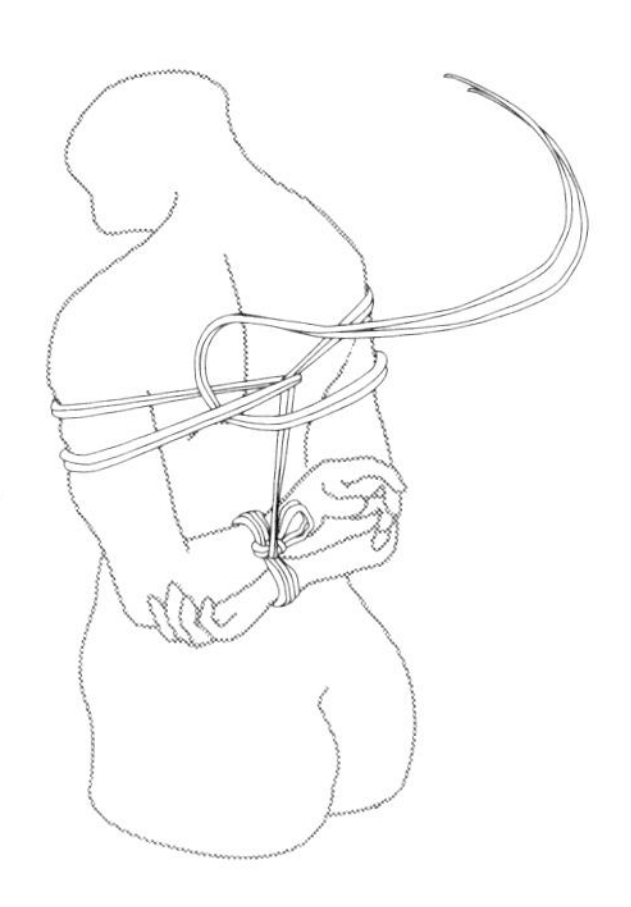

④背面に返した縄尻部分を、背面から正面に流れる縄のＶ部分の内側に通し、Ｖ部と逆方向に引っ張る。

⑤これで、2つのVが左右に引き合う状態になる。縄尻部分の余りを使い、2つのVが交わる部分（背中のセンター部分）で雲雀締めをして仮留めする。

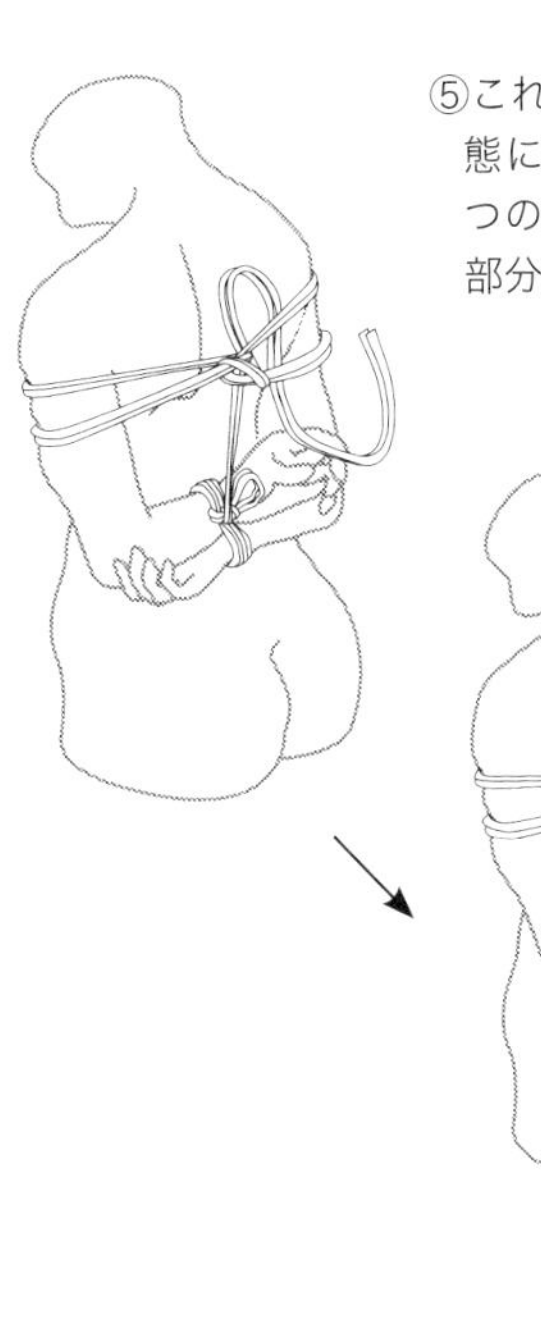

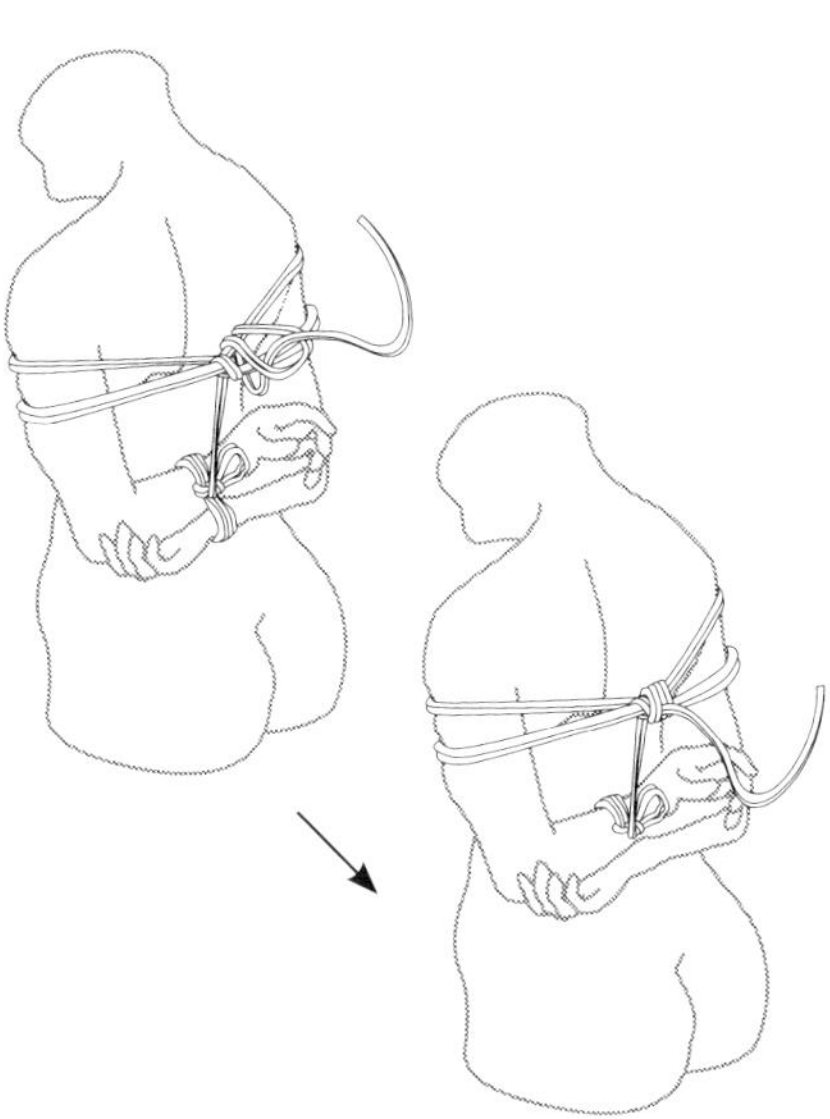

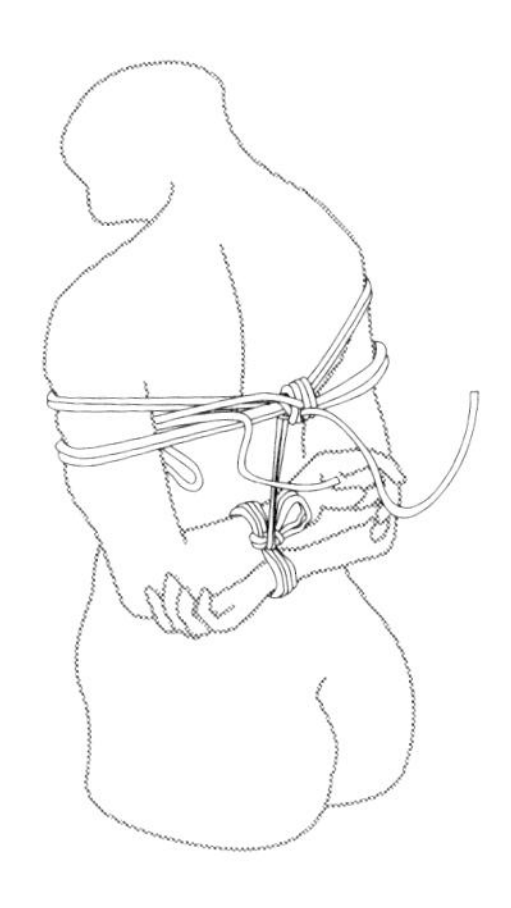

⑥２本の縄尻を１本ずつ左右に振る。それぞれの縄頭部分をＶ部分の間から腋の下に通し、正面を巻いている縄のうち下側の縄に回し掛けて背面に返す。

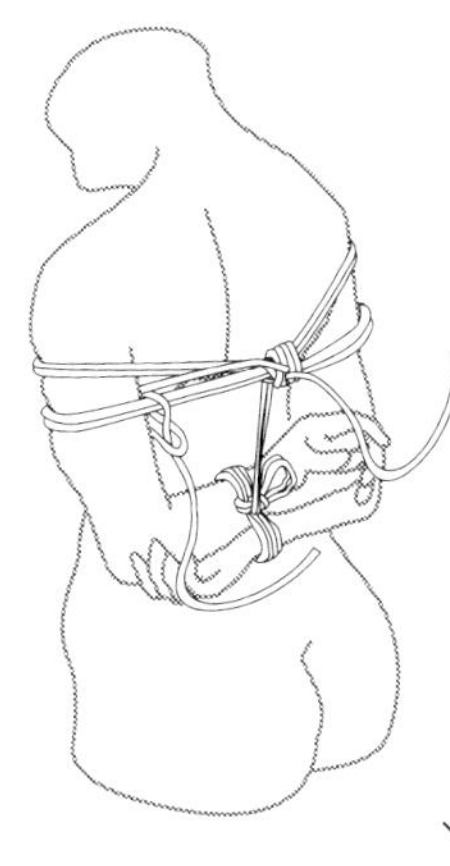

⑦背面に返った縄頭の輪の中に縄尻を通し、左右それぞれの腕部分で雲雀締めをして仮留めする。

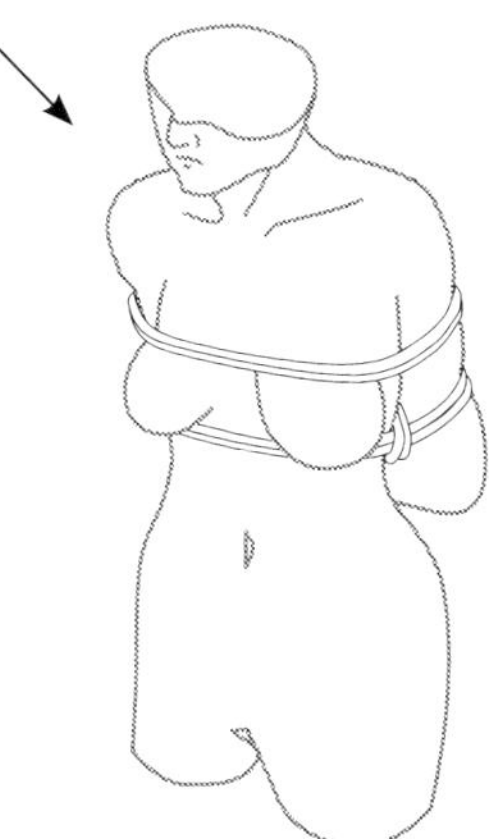

⑧左右の腕部分に仮留めした縄を、背面中央で一重に結んで、2本の縄を揃える。

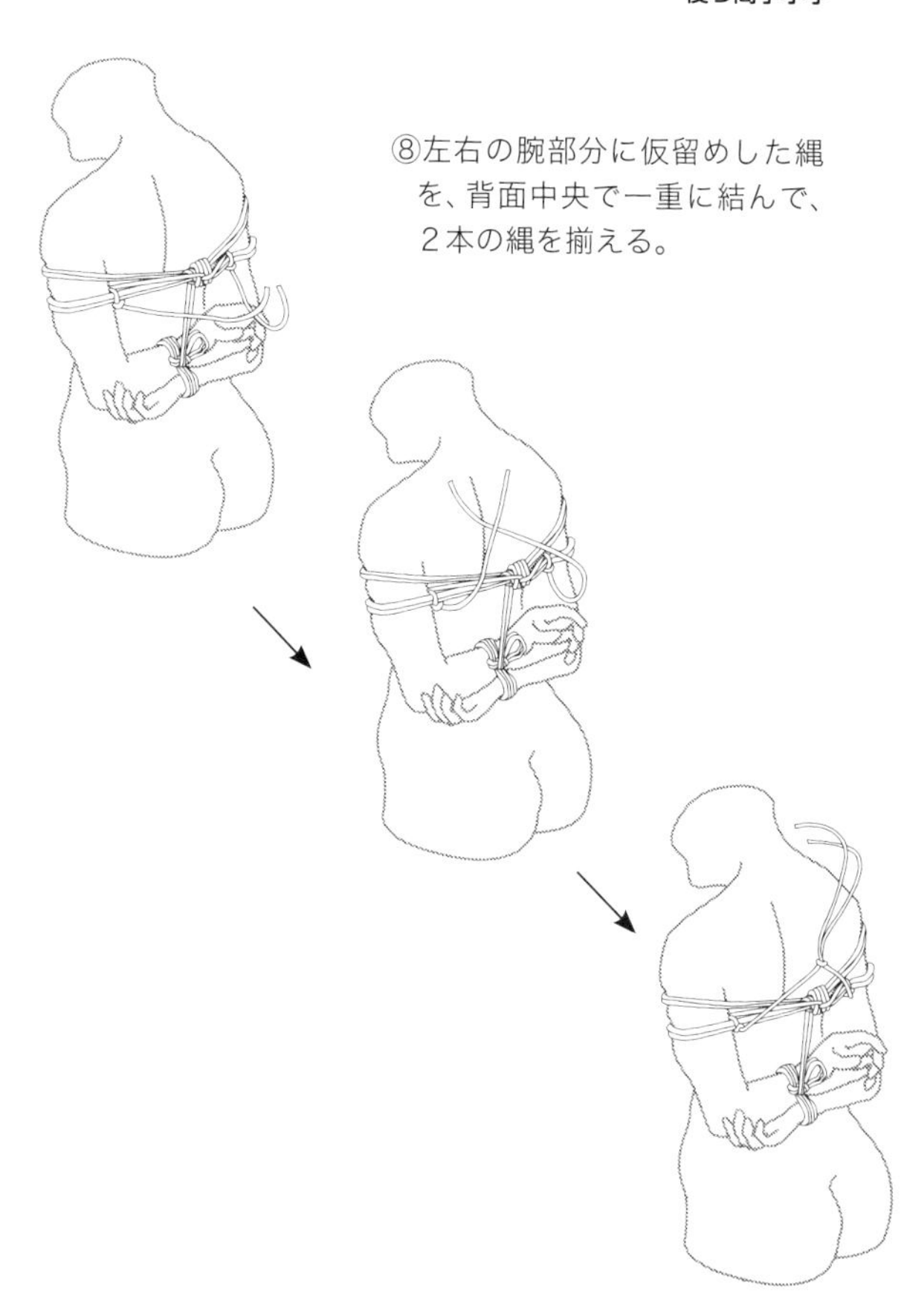

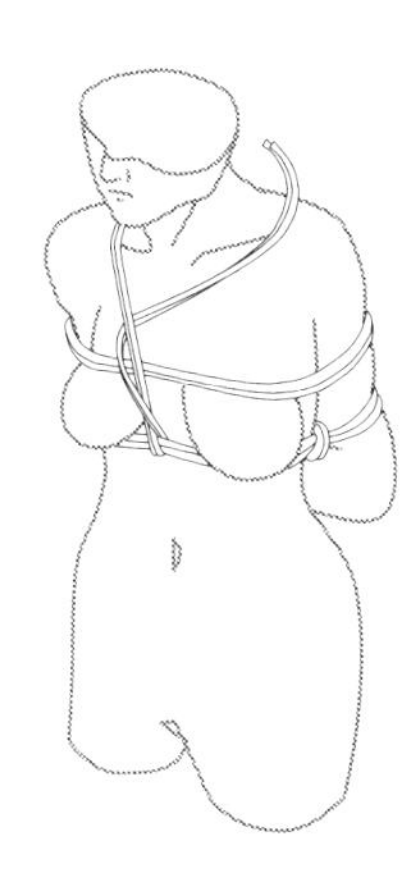

⑨揃えた縄の縄尻を、一方の肩口から這わせて正面に回し、胸元中央部の下方の縄に上から回し掛ける。それを、一捻りさせてもう片方の肩に這わせて背面に返す。縄を一捻りすることで、摩擦による滑り止めになる。

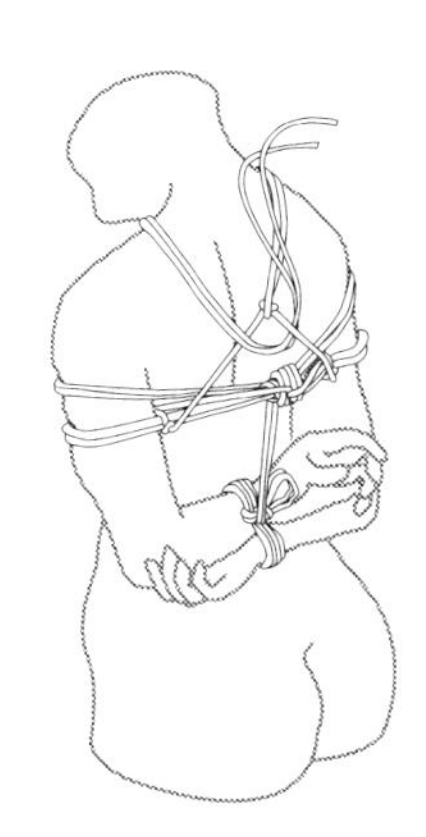

⑩⑧で一重に結んだV部の間に縄尻を通し、肩口から下りてくる2つの縄のどちらかに絡ませて、一重結びもしくは固結びをして留める。

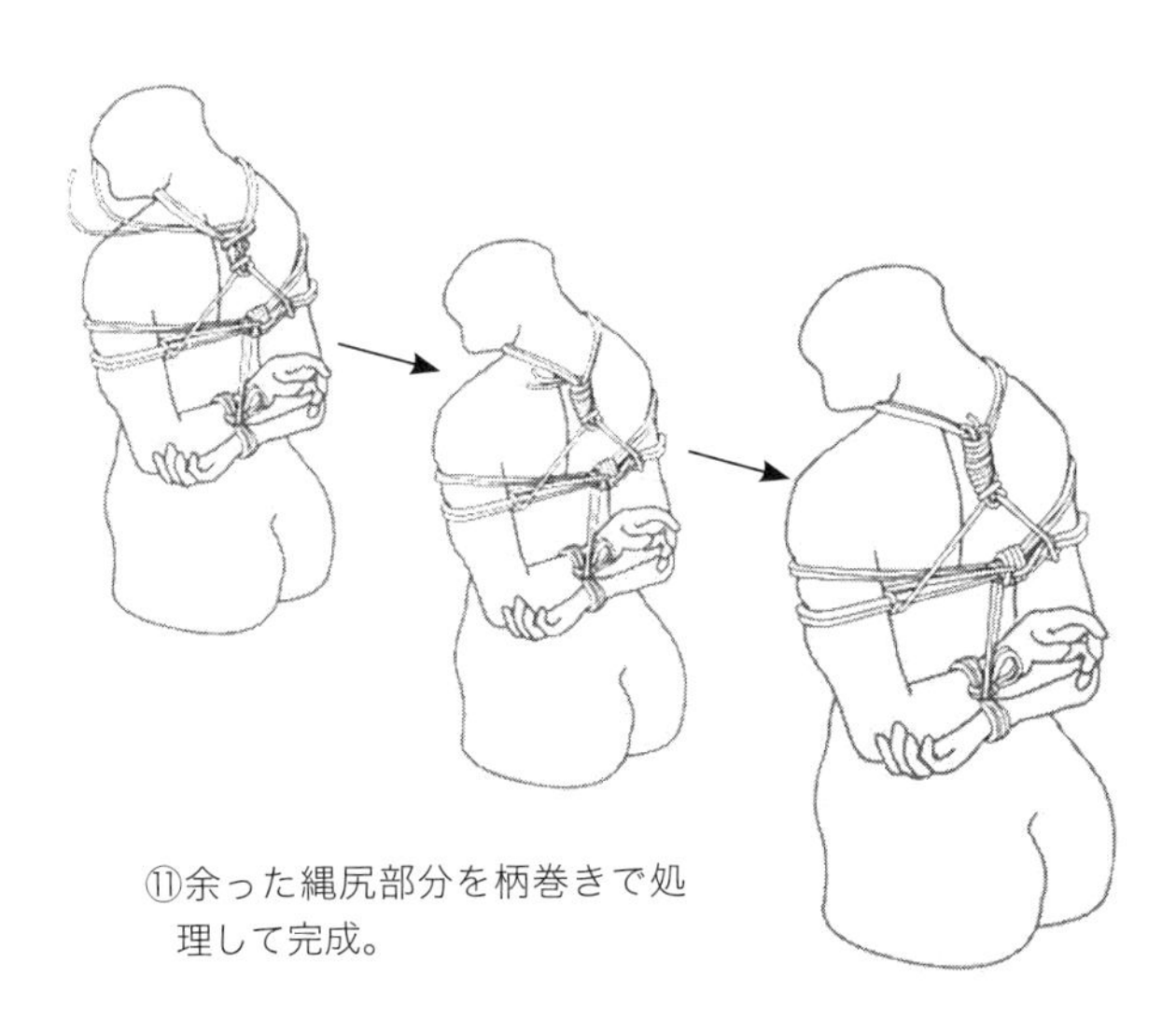

⑪余った縄尻部分を柄巻きで処理して完成。

※後ろ高手小手の縄の長さは、通常体型の日本人女性であれば、10メートルもあれば十分対応できる。

股縄（縄褌）・その一

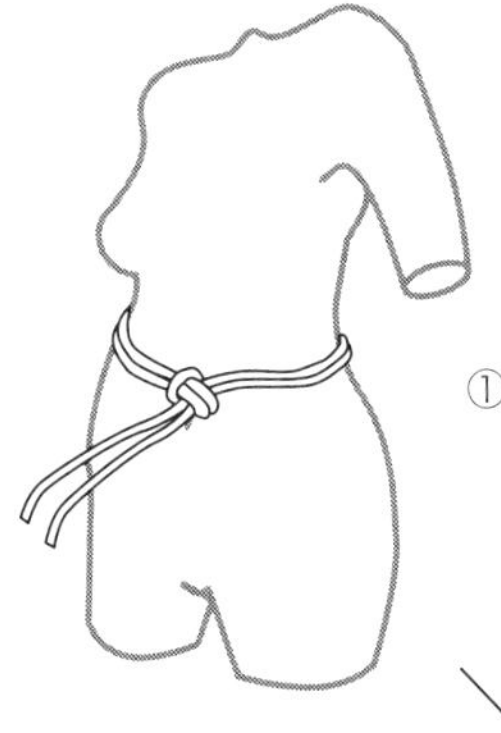

①ウエスト部分に縄頭部分を巻きつけ、正面中央で早川締めにより固定する。

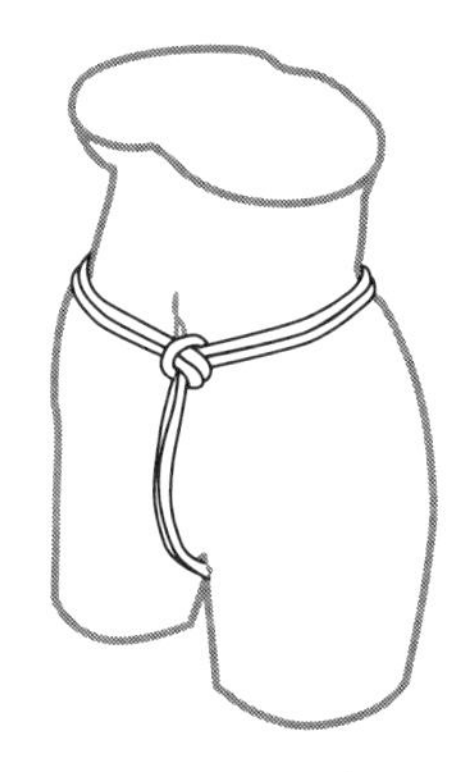

②縄尻部分を、正面から股間を通して後方へと這わせていく。

③臀部に持ってきた縄尻を、
ウエストにかかった縄に
外側上部から回し掛ける。

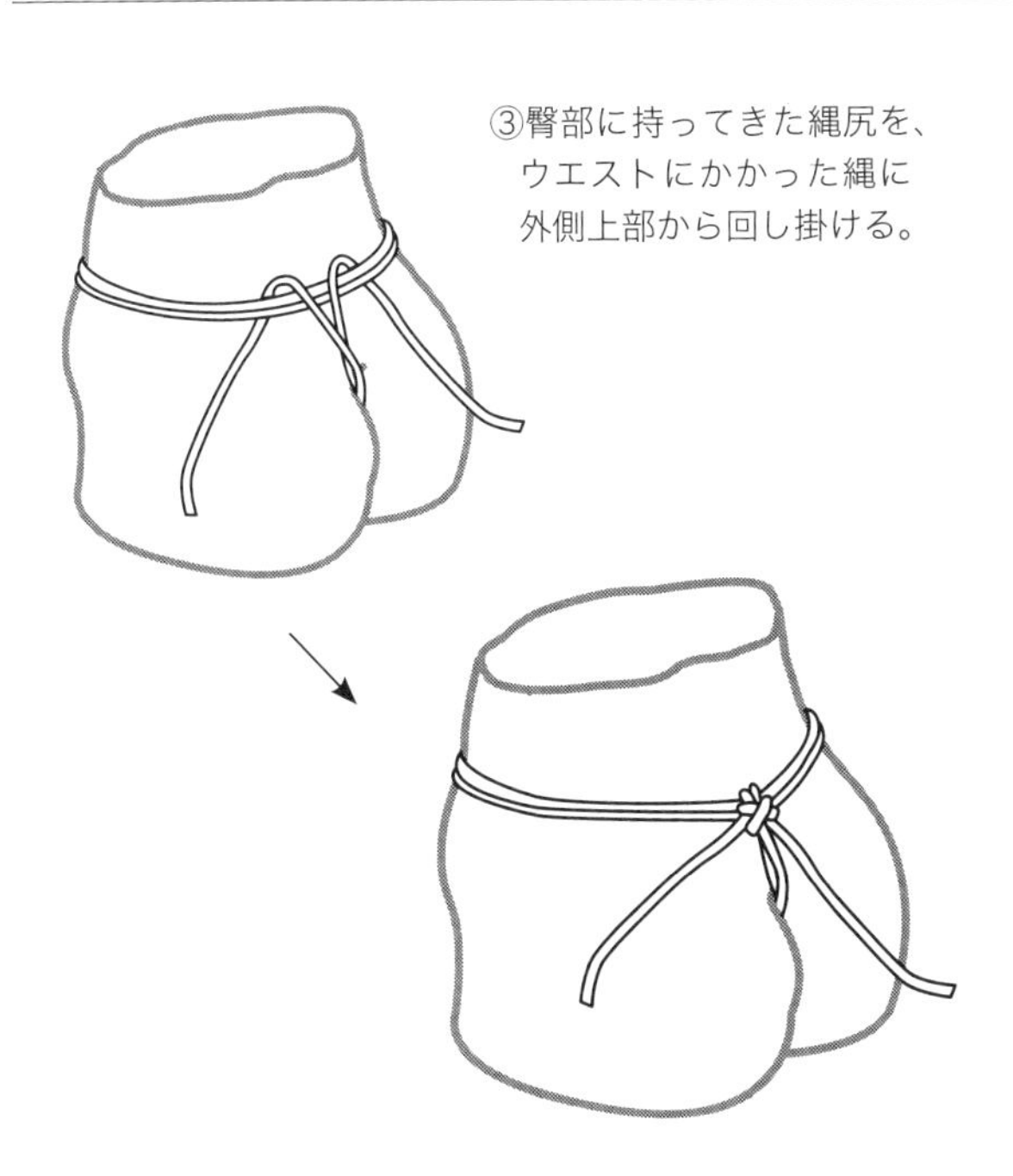

④縄尻部分を心もち下方に下げながら、
一重結びもしくは固結びにより固定する。余った縄尻部分は、それぞれ左右に振ってウエストにかかる縄に柄巻きをして処理をする。

股縄（縄褌）・その二
（胸元の縛りと連結技）

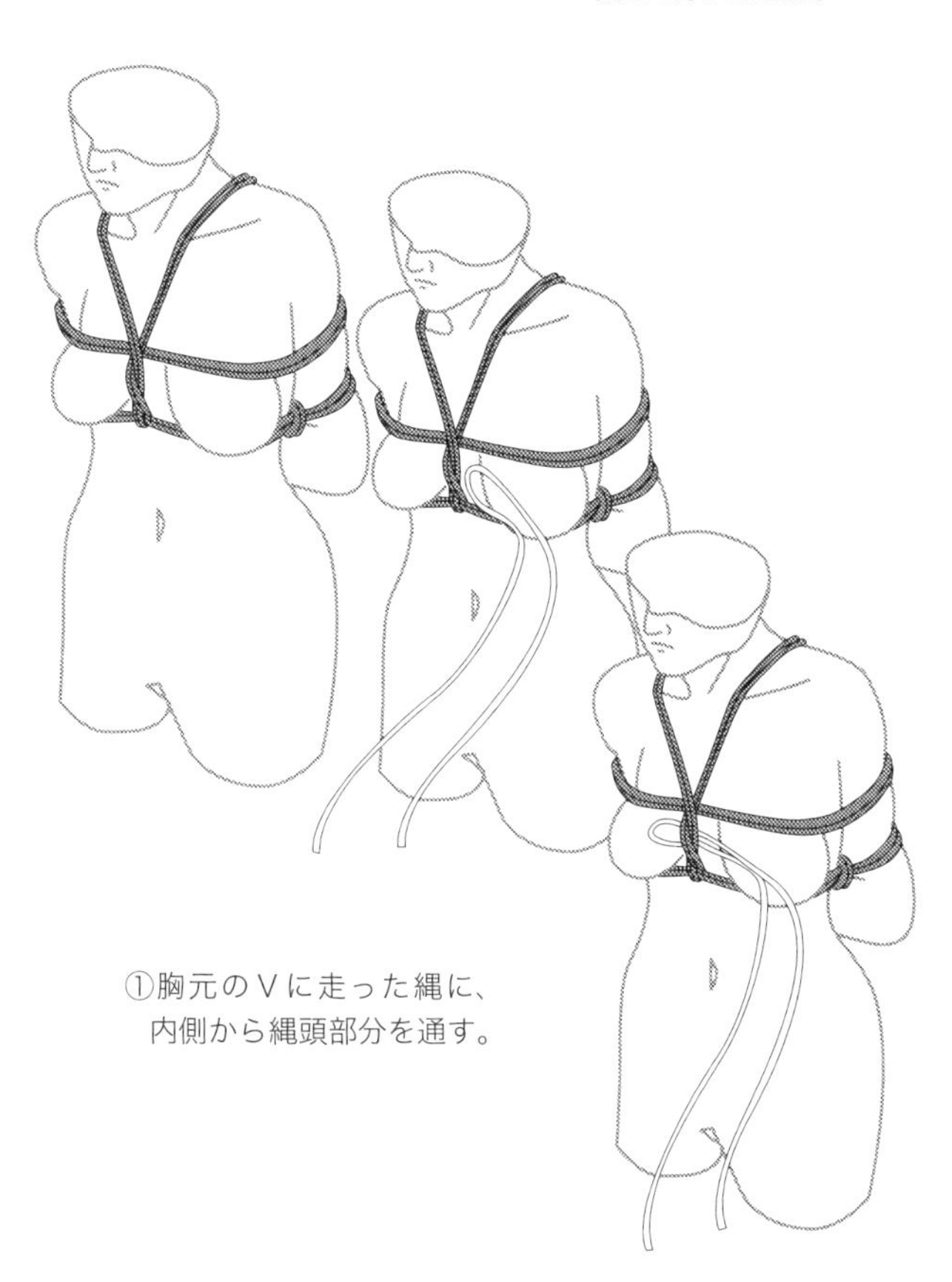

①胸元のＶに走った縄に、
内側から縄頭部分を通す。

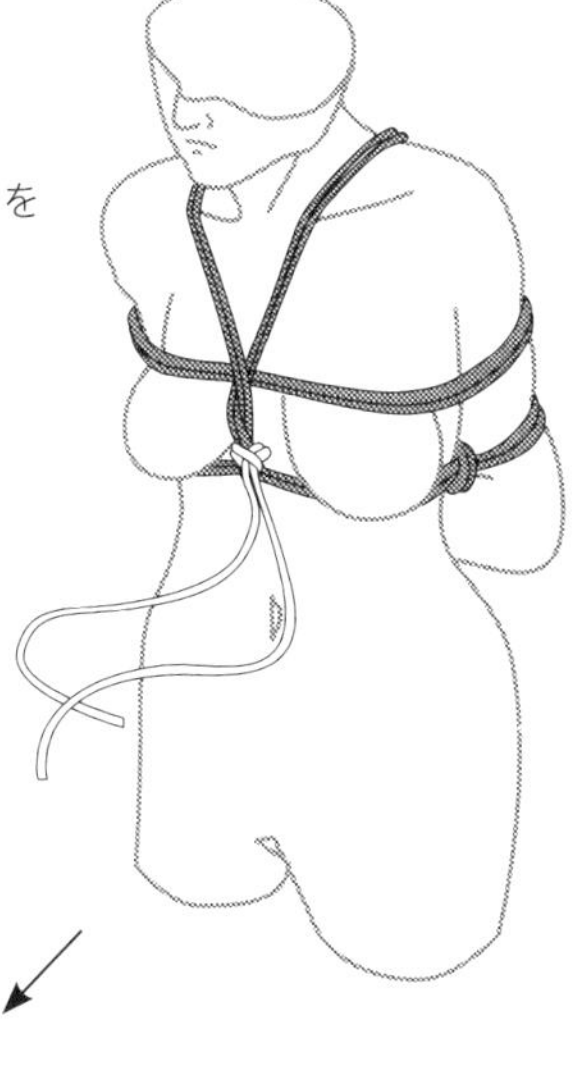

②縄頭の輪の中に縄尻部分を通し、雲雀締めで留める。

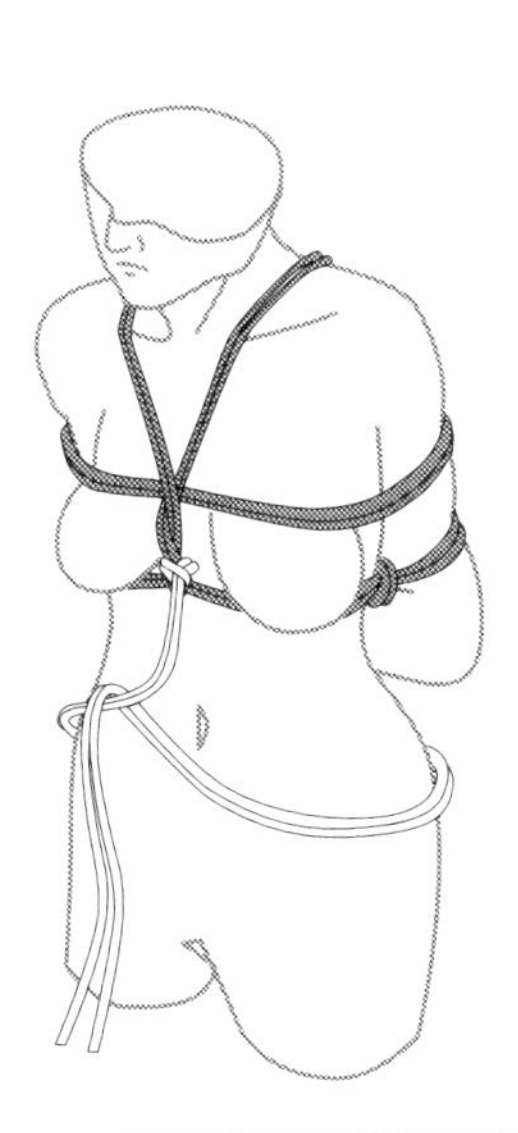

③縄尻を斜め下方の腰部に這わせ、そのまま背面へと巻きつけて、正面まで一周させ、正面センター部の縄に内側から回し掛ける。

④腰部の縄の内側から通して、正面センター方向に引っ張り、締める。

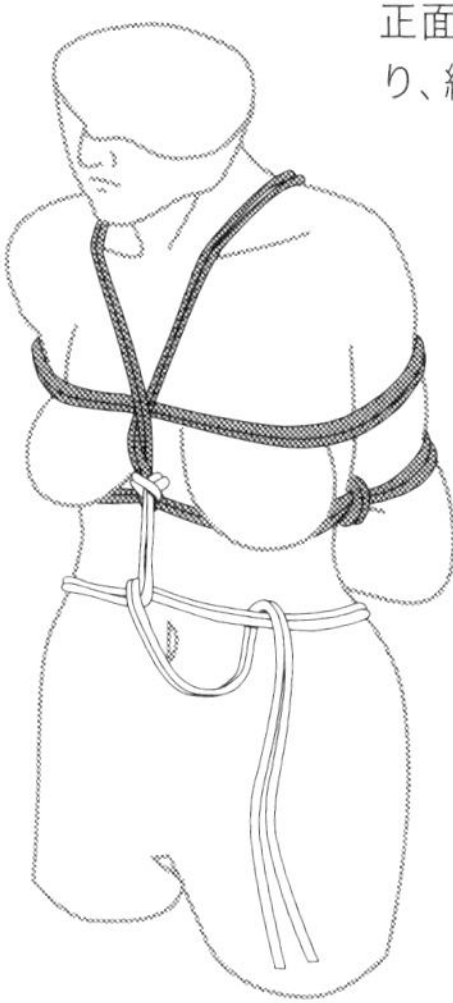

⑤縄が交差した部分を指先でつまんで動かないようにし、もう一方の手で縄尻を交点部分の輪の中に通して引っ張り、締める。ほぼ締め切った状態になった時点で、交点をつまんでいた指先をおもむろに離す。縄尻を股間に回し、「股縄・その一」と同様に背面で処理をする。

※この股縄の特徴は、腰にかかる縄、胸元から下腹部に至る縄、すなわち縦に走る縄と横に走る縄が真十文字におさまり、かつ交差部分がいささかのズレをも起こさない。したがって、縛った後の均衡化が図られる。

亀甲縛り

①縄の中央部分を首の後部に当て、縄尻を正面左右に垂らして掛ける。

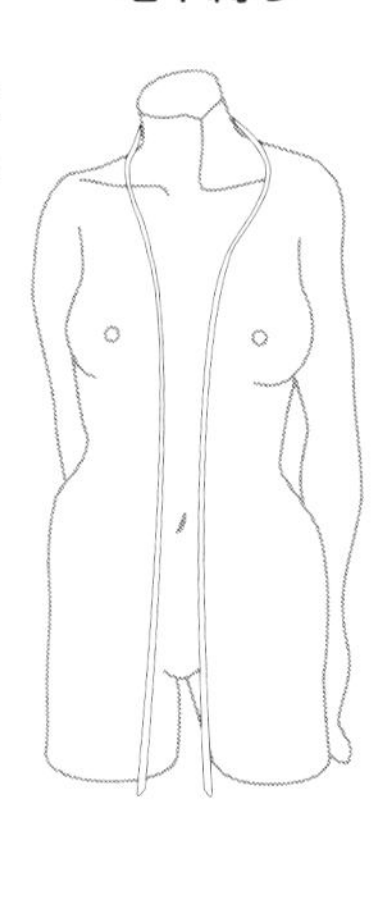

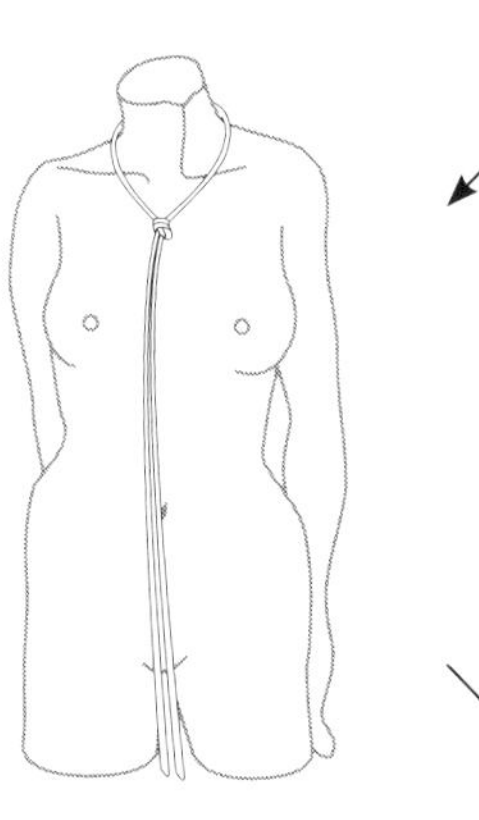

②乳房の上部辺りで縄を玉結びする。さらに、等間隔で2つ、3つほど玉結びを作る。

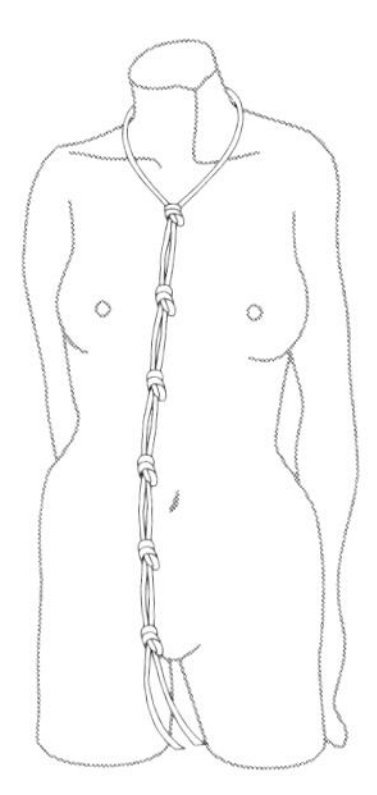

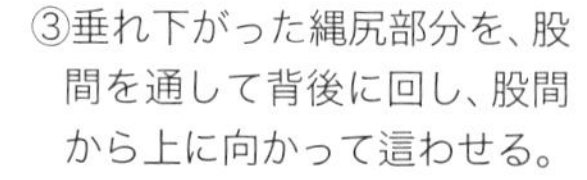

③垂れ下がった縄尻部分を、股間を通して背後に回し、股間から上に向かって這わせる。

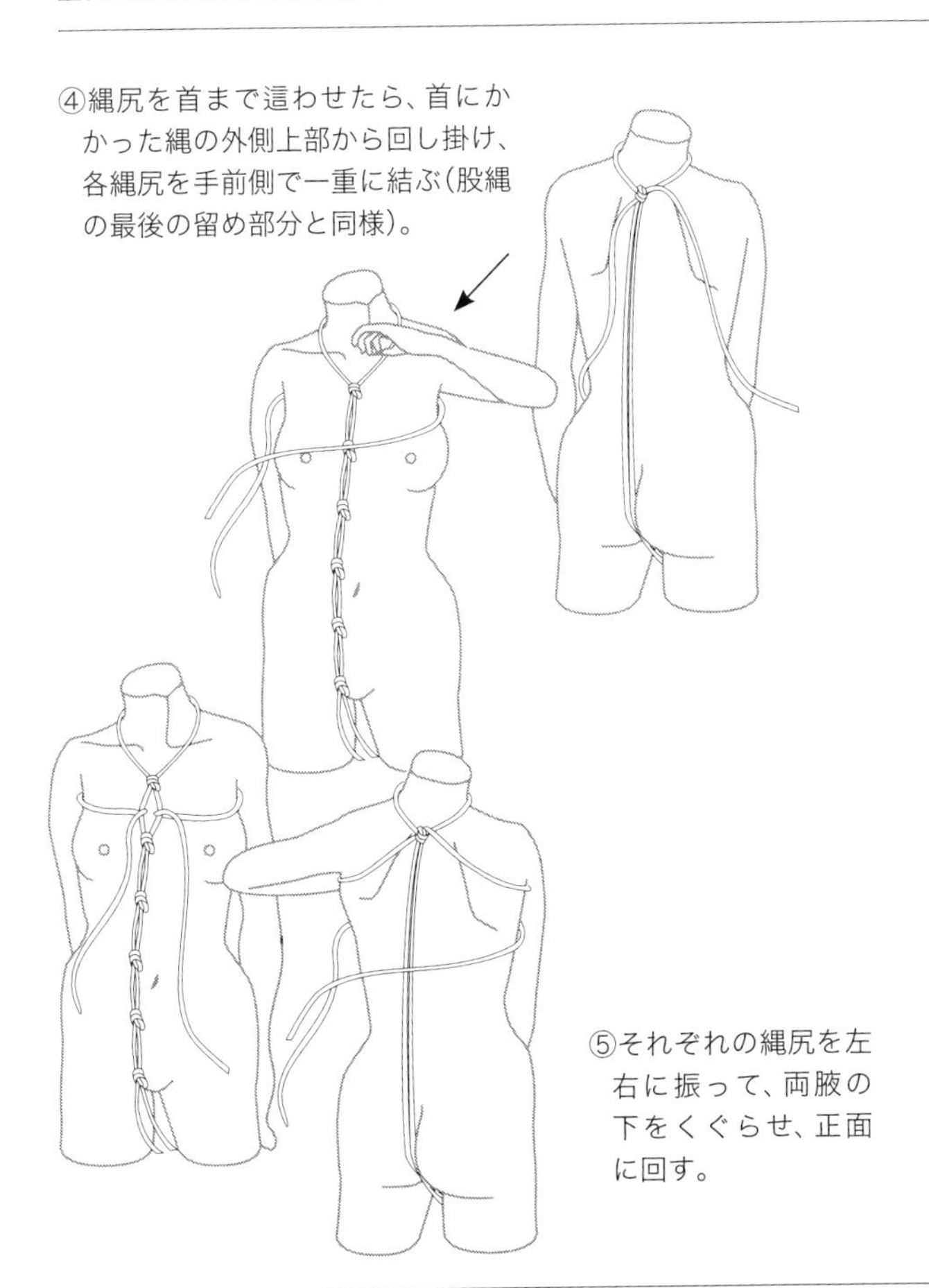
④縄尻を首まで這わせたら、首にかかった縄の外側上部から回し掛け、各縄尻を手前側で一重に結ぶ(股縄の最後の留め部分と同様)。
⑤それぞれの縄尻を左右に振って、両腋の下をくぐらせ、正面に回す。

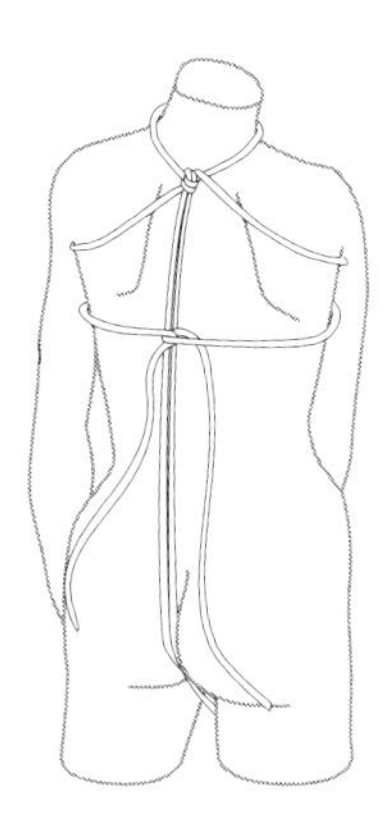

⑥それぞれの縄尻を、一番上の玉結びと玉結びの間に内側から通して、左右に開き、背面に回す。背面の縄に回し掛けて、かつそれぞれの縄尻を交差させ、再び正面に回す。

⑦⑥と同様に、縄尻を次の玉結びと玉結びの間に通し、背面に回して背面で交差させる。これを順次くり返す。

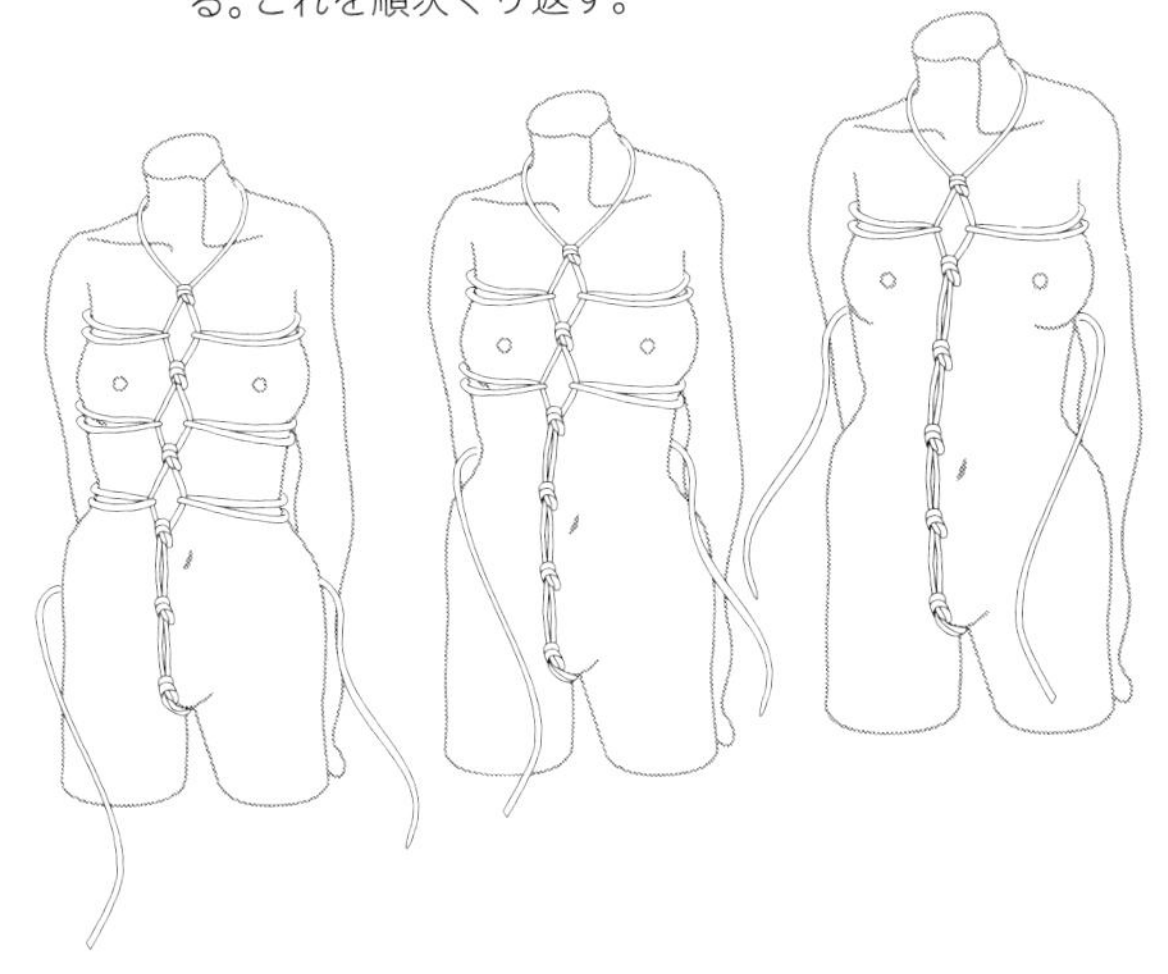

⑧玉結びの間を全て通し終えたら、縄尻を背面に回して一重結びし、2本の縄尻を揃える。

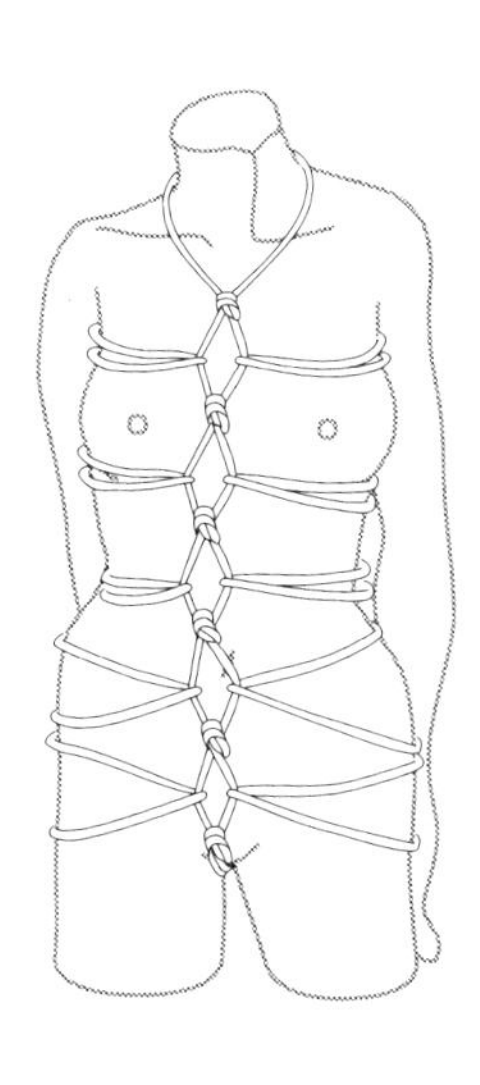

⑨両腕を後ろに回させ、揃えた縄尻の上部で組ませる。余った縄尻部分を適当な箇所で折り返し、手首を巻き込むように雲雀締めにして補足する。

⑩縦に走る縄、横に走る縄のうち、手首から一番近くで交差する箇所に縄尻部分を巻き込み、柄巻き等で最終処理をする。

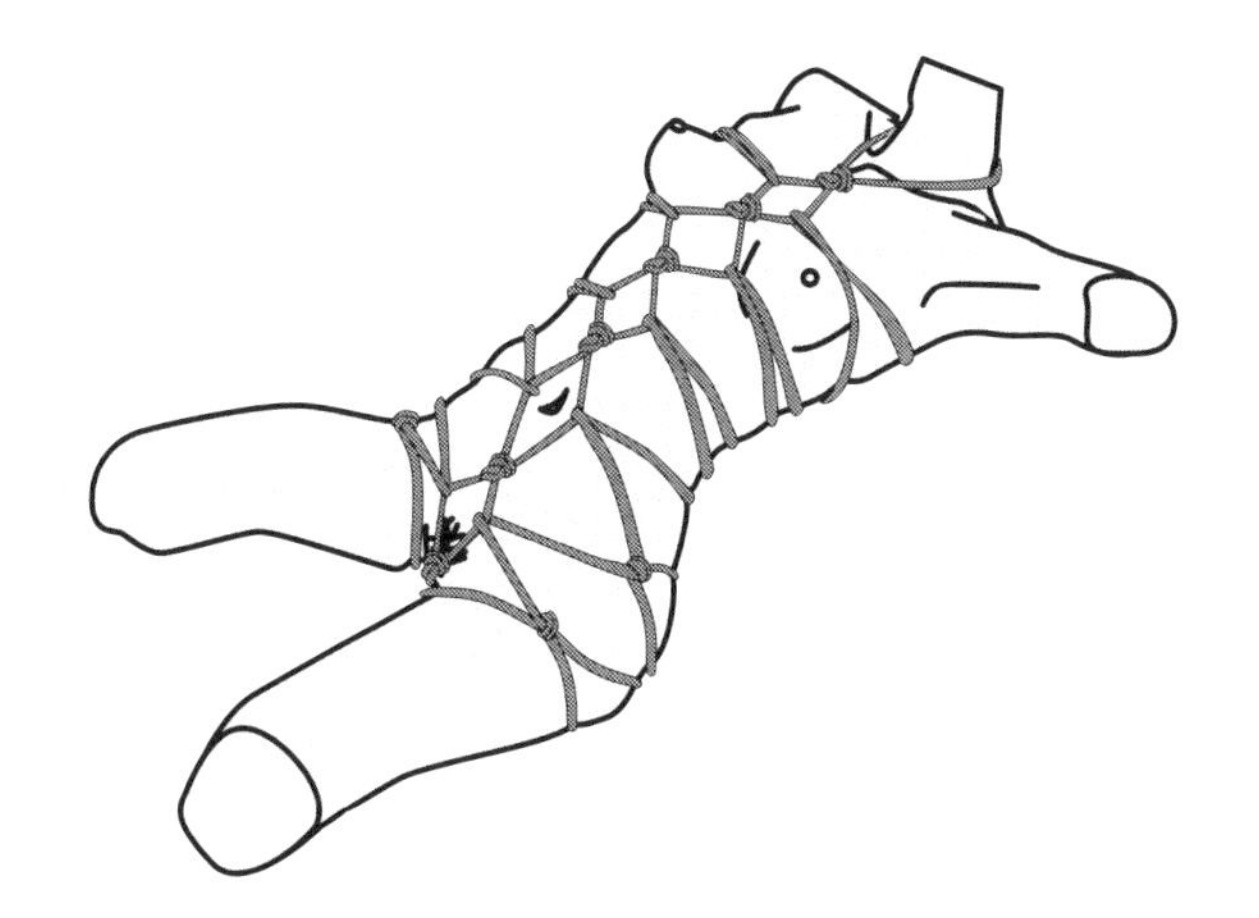

巴締め変形型技
（頸動脈圧迫回避）

①背面で縦に走る縄に別の縄の縄頭を通し、雲雀締めで固定する。

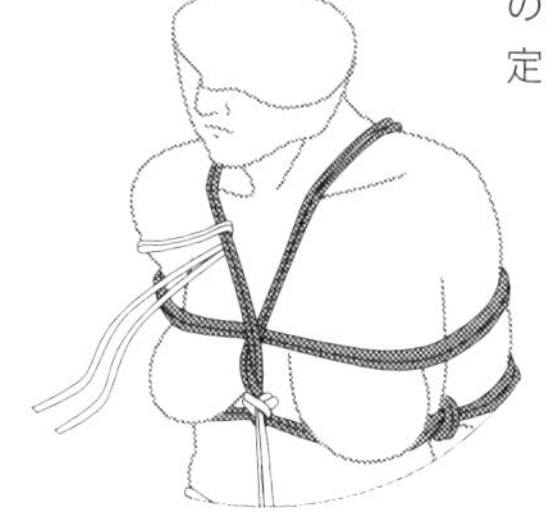

②その縄の縄尻を正面に回し、首から胸元へ流れる縄に外側から巻きつけて、心もち逆方向に引く。

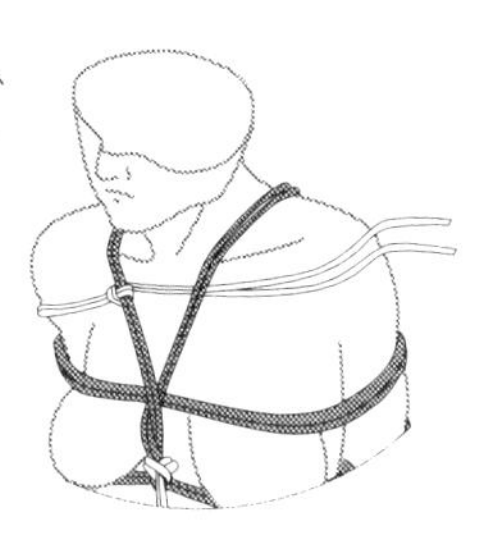

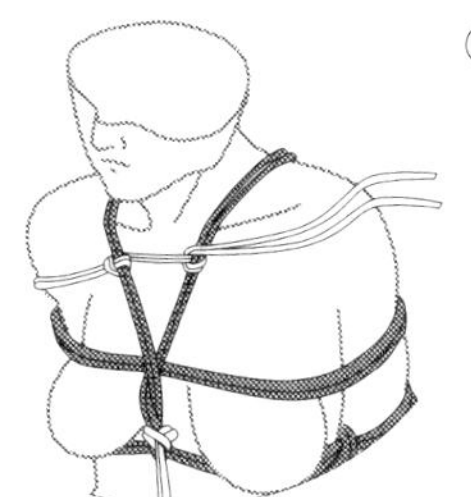

③引いた位置で首から胸元に流れる縄に結びつけて、もう一方の首から胸元に流れる縄の方向に這わせる。

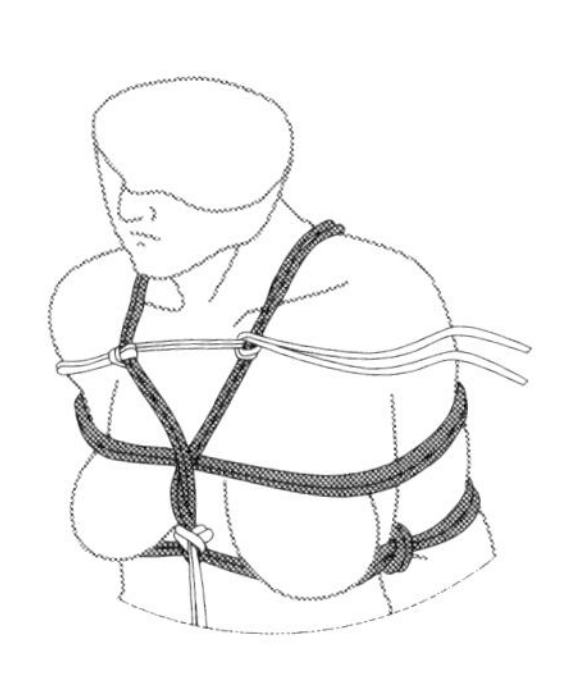

④②と同様に、首から胸元に流れるもう一方の縄に外側から巻きつけて、心もち外側に引き、引いた位置で結びつけて、縄尻を背面へ這わせる。

⑤背面に回した縄尻の処理は、①で結んで起点となった箇所で固結びなどをして固定する。

※この縛りは、首から胸元に流れる縄が頸動脈から遠ざかることを目的とした留め方である。巴に絡ます留め方か、最初にかかる首から胸元へ流れる縄への絡ませ方と、もう一方の首から胸元に流れる縄に外側から絡ませるか内側から絡ませるかという点で相違するが、安定して固定させるためにはこのほうがベターである。

第六章

鞭、ローソク、浣腸、快楽アラカルト

鞭・ローソク・浣腸から派生する効能

ＳＭプレイで縛り同様によく耳にしたり目にするのが、鞭であったり、ローソク、浣腸の類である。

事実、ＳＭ趣味人（マニア）にあってプレイの流れの中でそれらを責め用具として使う輩は多い。これら以外にもＳＭ用の責め用具は多々あるも、ポピュラーな上、うまく使えば手加減融通が効くという点では、この三点がおすすめの用具といえる。

これら三点の責め用具をＳＭプレイで使うに際して、その効用面は大きく分けて次の二つがある。

一つは、被虐者のメンタル部分の被虐心をさらに増幅さすのに効果がある。嗜虐者の手、すなわち嗜虐者の意志によって直接手をくだされること。しかもそれらの責め用具を用いられることで、より物理的効果が高められるという被虐者の意識、さらには用具を駆使されるという弄ばれ感がより被虐心を高め、被虐者に対する心理的効果を生む。

もう一つは、それらの責め用具を用い、被虐者をフィジカル極限にまで追い込んだ結果、痛覚抑制効果が生理的に被虐者の肉体に働きを起こさせる。

ある一定の痛覚を覚えると、内因性モルヒネ＝エンドルフィンなる物質がそれを和らげるため分泌され、モルヒネを服用した時と同様の鎮痛作用や浮遊感作用を呼び起こしてくれるのだ。この浮遊感で、被虐者を恍惚へと誘うことができる。

これなど練度が高まった被虐者によっては、エンドルフィンの分泌をコントロールさえできるようになる者もいる。モルヒネ＝エンドルフィンの作用は我々の日常でも起こっている。

例えば怪我をした際、しばしば痛いが、時間が経てばその痛みはおさまってくる。これもエンドルフィンの鎮痛効果が効いてくるのだ。また、マラソンランナーが走行中にある極限を越えるとランナーズ・ハイなる恍惚感、すなわち浮遊感を覚えるという。これもエンドルフィンの為せる術なのである。

では、ＳＭプレイの流れの中で使い勝手のよい鞭・ローソク・浣腸についての主だった種類、使い方、注意点等を説明しておこう。

鞭

鞭を所持していなければ、それに代わる代用品はいくらでもある。例えば湿らせたフェイスタオル、靴ベラ、物差し、ベルト等々。しかし、SMプレイを悦しもうとするなれば、鞭の一本や二本は持っておいたほうが、プレイの雰囲気を演出するにはよいだろう。

一般にショップで売られている鞭の種類は多いが、一番ポピュラーで実際の使い勝手のよいのは、俗にいうバラ鞭であろう。六条鞭、九尾鞭などと呼ばれ、柄の先に六本、九本あるいはそれ以上の本数の一センチ幅程度、長さ三〇センチから六〇センチ（それ以上長いのもある）程度の皮テープ（皮テープの厚みは、薄いのから厚いのまで種々ある）が束ねられた鞭。

それ以外でも比較的使われる頻度の高い鞭を挙げてみることにする。

・一本鞭

柄の先鞭の長さが一メートル程度のものから二メートルを超えるものまである。また、その鞭部分は皮を編み込んだものもあれば、一枚の皮テープ、あるいはグラスファイバーを一枚の皮で包み込んだ細長い円筒状のものもある。名称もメーカー、ショップによってまちまちであるが、一般的には一本鞭と総称されている鞭。

一本鞭はプレイの流れの中で被虐者に対し恫喝（どうかつ）、例えば床等に打ちつけ、その音による効果を図ったり、あるいは躰のウエスト部分や脚など躰に傷をつけない程度に振り廻し、その遠心力を利用して巻きつけ、いたぶりのために使うことが多い。

もちろん、嗜虐者、被虐者とも練度が高い者であれば打ち込みもＯＫ。慣れた打ち手の嗜虐者であれば、ヒットの強弱も加減でき、それなりに効果を呼ぶのはいうまでもない。

しかし、あまり使い慣れていない者や初心者がもろに打ち込むと、被虐者はたまったものではない。

・乗馬鞭

実際、乗馬の際に使う鞭にも競馬用に使う乗馬鞭と、馬術競技、あるいはレクリエーションに使う乗馬鞭は用途が違うので、形状はよく似てはいるが、柄の先の鞭部分の太さ、強度等いささか異にする。

それら馬用の乗馬鞭をSMプレイに使う者もいるようだが、いずれにせよ、馬用に作られているため、人間相手に使うには思い切った使い方ができないだけに、SMプレイに際し使うのであれば、SMショップで売っているSMプレイ用の乗馬鞭を求めたほうがよいだろう。

SMショップで売っている乗馬鞭は、柄の部分を含め鞭の先まで七、八〇センチくらいのものが、使い勝手からすると手頃だろう。鞭の先には幅一・五センチ、長さ一〇センチ程の皮テープを真ん中で折り曲げて取り付けた鞭や、その鞭先に紅葉の葉大で形状も紅葉の葉の形をして二枚の皮片、それを鞭先を挟むように取り付けたものもある。

鞭部分はしなやかで弾力のあるグラスファイバー等を、皮で巻き込み仕上げられている。この乗馬鞭をSMプレイで使う際、被虐者に振り抜くような打ち方をするのではなく、鞭のしなりと手首のスナップを効かし鞭先の折り曲げた皮テープ部分のみが確実にヒットするような打ち方をする。

この鞭の特徴は、ヒットする箇所が局部的に限定でき、むしろ嗜虐者の思う方向にプレイの流れを向けさすという指示棒的な役割を果たす鞭といえよう。したがって、被虐者を極限へと誘う使い方はあまりしない。

・スパンキングパドル

臀部（でんぶ）を打つのに使う。西欧の生活習慣の中で、子供のお仕置きに、お尻に対し掌によるスパンキングを課す習慣がある。その延長線上に、臀部に対し懲罰を課すことを目的に、昔の船乗り、水兵が船内の秩序を維持するため、櫂（かい）すなわちパドルを懲罰用に使った。

それを単に懲罰専用具として作り込んだ、スパンキングパドルと称する、形状も櫂の形をしたものがSMプレイ用としてもSMショップで売られている。幅は約一〇センチ、長さは約三〇センチから一メートルくらいまである板状の、皮製もあれば木製もある。

もちろん、柄の部分は握りやすいグリップ状に作られている。プレイに使うに際しても、もともとの由来通り、臀部への打撃にしか使えない。したがって、スパンキングマニアには重宝されている。

また、形状、大きさとも団扇(うちわ)状の皮製のスパンキングラケットという代物もあり、スパンキングパドルと使い道はほとんど変わらない。

以上、SMプレイで使う主だった鞭の種類を挙げたが、それ以外にも鞭が文化となっている欧米ではSMプレイ用にいろいろな鞭が作られている。例えば、バギー、ケーン。あるいは名称は定かではないが、中世の拷問用に用いられた編み込んだ皮のロープを数本束ねたバラ鞭状のものなど多種多様である。

バラ鞭の使い方及び注意点

最後に、プレイで実際、一番使用頻度の高いバラ鞭の使い方、及び注意点を説明しておく。

一、打つ相手の打つ箇所をしっかり視野に入れ、焦点を絞って打つこと。

一、打たれる箇所が筋肉繊維に沿って鞭先が順目に当たるようにする。筋肉繊維の方向と交差して打つと毛細血管を破り、皮下出血現象を起こすこともあり、気をつけられたし。別に皮下出血が悪いといっているのではなく、あくまで被虐者の想いの範囲内で嗜虐者は対応してやればよい。

一、打つに際し、相手に当たる箇所に対し鞭先が全片揃う形で、鞭先から一四、五センチの面で当たるのが望ましい。

一、バラ鞭の場合、手首のスナップを効かすと鞭先がバラけ、散らばって当たることになるので思わぬ箇所にまで鞭先が飛んでしまうこともあり、要注意。それを防ぐため、手首のスナップではなしに肘のバネをうまく使えば、その点は解消できる。

一、テニスをする人であればラケットの振り方、フォアー、バックの要領と似た使い方をすればうまく打てるかと思う。

一、バラ鞭を打つ際、鞭を振り抜くというより、鞭先を相手の躰に置きにいくという意識で打つと鞭のヒット音も大きく、音の効果のわりに肉体的ダメージはさほどでもないという。経験の浅い被虐者に対してはダメージの少ない打ち方も習得しておけば、プレイのケースバイケースに使い途は広がる。

一、プレイ中、立て続けにバラ鞭を打ち込むと鞭の片と片が絡み合ったり、もつれ、玉状になり、当たり方にムラができる可能性があるので、打つ際には、もう片方の手でしごきながら打つとよい。

ローソク

一般に見知られているローソクとして、仏具用のローソクがある。しかし、実際、

SMプレイで使うとなれば、いささかお洒落感に欠ける嫌いがある。

また、最近のキャンドルブームに乗り、芳香作用のあるキャンドルなど、色調もカラフルでデザインも多種多様のローソクがデパート等で売られている。したがって、ローソクを手に入れることは比較的お手軽といえるだろう。

もちろん、それらのローソクをプレイに使って使えないことはないが、それらのローソクは長時間耐用可能にするため、溶解融点が高く、すなわち硬度が高い代物が多い。溶解融点が高いということは、一定温度によってローソクが溶かされ、ロウが溶けるに高温度を必要とする。したがって、溶かされたロウそのものも熱いということについては否めない。

また、ローソクの口径についても適度な太さのあるローソクが望ましい。なぜなら、点火した芯によって溶かされたロウ涙がそのローソクの口径部分にたまり、その間、ロウ涙の温度が下がるからだ。持ちやすさ、使いやすさ等を考えると口径五、六センチ、長さ一五、六センチ程度のものが使いやすいのではなかろうか。

ショップにもSM用ローソクとして販売されているので、それらを求めるとよいだろう。ただし、それらのローソクはSMプレイ用低温ロウソクと称して売られているが、必ずしも融点が低いローソクだけではないので、使用する前に試してみたほうが賢明だろう。

本来、ロウ涙に至る温度が七〇度前後、そして、ローソクの口径にたまった時点での温度が一〇度程下がり、六〇度前後といわれている。

また、そのたまったロウ涙を垂らし落下させると、その落下距離にもよるが、落下時に冷やされ、例えば落下距離が七、八〇センチもあればロウ涙の落下時点の温度は四二、三度といわれている。落下時点での温度だけを見ると、お風呂のいささか熱めのお湯と変わらないので、さほどの危険性は伴わないといえる。

しかし、その程度の温度であっても被虐者が熱く感じるのは、お風呂のように面で体感するのではなく、体表面の点で感じるので、より鋭利に熱く感じてしまう。プレイでローソクを使う場合、心理的効果は鞭と同等の被虐感があるが、鞭に比べ、テンポが比較的スローモーな部分があり、そのことがむしろいたぶられ感を高め、陰湿性もあり、それを悦ぶ被虐者は多い。

一口にローソクというも日常生活の使用目途により、和ローソクもあれば洋ローソクもある。もちろん、SM用として販売されているローソクもある。

基本的にはＳＭショップで売っているローソクが望ましい。

なぜなら、前にも述べたが溶解融点の違いもさることながら、和ローソクの場合、芯が紙で作られており、ロウを垂らした時に、燃えカスの芯が体表面に落ちると火傷を起こしてしまう危険性もはらんでいたり、また、キャンドル等洋ローソクについては極めて硬度の高いものもある。購入する際、その硬度の高さまでわかって買うことができない。

もし、そのような硬度の高いローソクを買ってしまい、プレイには使いづらいとなれば、時間と暇のある御仁には、ホビーショップに行ってパラフィン材を買い求め、そのパラフィン材と使用に耐えなかったローソクを一緒に鍋等に入れ、火で溶解させ、また、カラーリングも施すなればクレパスを荒削りし、同じ鍋で同時に溶解さすと総てがうまく融合し、好みの色のローソクのネタができあがる。パラフィンの含有を多くすればする程、ローソクの溶解融点温度は低くなり、ローソク嫌いの被虐者にも使えるオリジナル低温ローソクができあがる。

話を戻す。鍋にて溶解したローソクのネタを市販の紙コップに注ぎ、元あったローソクの芯の先にボルトナットをつけ重りにし、芯のトップを割り箸で挟み、その紙コップの中心点に渡しかけて固まるのを待つ。もし、ローソクの芯がなければ少し太めのタコ糸を鍋でネタを作る際、一緒に煮こんでやり、そのタコ糸をローソクの芯にしても充分、間に合ってくれる。

紙コップのロウが固まれば割り箸を外し、紙コップを破り取ると、オリジナル低温ローソクのできあがりだ。

ローソク使用上の注意点

一、ロウ涙の落下距離は七、八〇センチくらいが望ましい。被虐者の練度によってはそれより短い距離でもよい。
ただし、落下時点の温度を下げたいため、落下距離を長くすると、落下したあと、ロウ涙の飛沫(ひまつ)が飛び散り、別なる隘路(あいろ)が発生する。例えば、床や周りの汚したくない物にまで飛沫が飛び散り、あとで困る結果になったり、さらに悪くすると、被虐者の目に飛沫が入ったりすると危険極まりないことになる。

一、ロウを体表に垂らしたあとの処理として、ロウの固まりを剝がす時、固まりがスムーズに剝がしやすくなるといって、ローションを塗る輩がいるが、ローションではほとんど効果の程はない。

もし、何か塗布するとすれば、油系のワセリンやベビーオイル等がよい。パラフィン含有の多く含んだオリジナルローソクであれば、剝がすのは、パラフィンの成分上パラつき感もなく、いとも簡単に剝離(はくり)できる。

一、ロウ涙を垂らす箇所としては、臀部、背中等は比較的安全であるが、体表のフロント部については心臓に遠い箇所から徐々に心臓方面に向け垂らしてやるほうが、ショックを受けなくてよい。

また、ビデオ等で観たことがあるかもしれないが、口内、あるいは舌等への場合は気管支等に流れ込む危険性もあり、余程の注意を払って行うべし。

一、剝離処理であるが、体表からある程度落とした状態でバスルームにてシャワーを浴びる場合、バスタブに栓をした状態で、バスタブの中でシャワーを浴びると、バスタブにたまった湯に残りカスのロウが剥がれて浮かぶので、最後にフェイスタオル等ですくい取ってやると、排水口等を詰まらすことなく処理できる。

浣腸

浣腸プレイの場合、鞭やローソクと同様、被虐者に苦痛を与えるも、いささか異にするところがある。

鞭やローソクの場合、体表面の痛覚に対し刺激を与えるも、浣腸の場合は小腸、直腸等体内からの苦痛を呼び起こさすものであると同時に、メンタルな背徳感、羞恥心が重なって喚起できるスグレモノのプレイといえる。

ただ、浣腸により排泄(はいせつ)につながるということで嫌がる趣味人もいるようだが、この浣腸プレイは単なる背徳感、羞恥心、あるいは排泄行為等だけを愉しむにとどまらず、アヌスにつながるアナルプレイへの膨らみを持たせてくれる一面もあり、ＳＭプレイとして見逃せないものといえる。

アヌスが性器と近い位置にあるため、性器への責めと連動することもできるのも大きな要因の一つであろう。

元来、排尿したり排便するという行為は、人様に向け恥ずかしいものとされてきた。その恥ずかしさを浣腸行為によってモロに人前でせざるを得ない状況。それも嗜虐者の手によってアヌスに浣腸を打たれ、その結果、便意をもよおす腸の痛み。しかも、自然の生理に抗い、人為的に排泄さすという背徳感。

嗜虐者、被虐者いずれにとっても好都合にできたプレイである。浣腸するに際し、使う用具として次のいくつかがある。

・シリンダー型ガラス浣腸器

ガラス製の注射器型で三〇cc、五〇cc、一〇〇cc、あるいは二〇〇cc以上の用量まで打てる大型のものまである。

このシリンダー型浣腸器、本来、正規の医療用具なれど、最近はショップでも手軽に買い求めることができる。一つ持っておけばいろいろと浣腸プレイのバリエーションが楽しめて重宝し、浣腸プレイでは一番ポピュラーな用具といえる。最近では、ポリピロピレン（化学樹脂）系でできた一回限りの使い捨て注射器型浣腸器もある。

・エネマシリンジ

注入口と注出口がゴム管の両極にあり、ゴム管の中央がバルーン状になっており、そのバルーン部分を手で握ったり離したりして注入口からお湯等の浣腸液を吸い上げ、注出口をアヌスに挿入し浣腸する用具。

ゴム製のため、コンパクトに納まり、持ち運びにも便利、ガラスシリンダー浣腸器のように割れる危険性もない。

ただし、プレイのバリエーションではいささか限られるのが難点か。

・イチジク浣腸

誰もが知っているイチジク浣腸、これもメーカー、種類等いろいろあるが、薬局に行けばポピュラーなのは、一五cc二個の浣腸が一箱に入っているのが適当かと思う。値段も手頃であるし、コンパクトな上、相手の練度、体調に合わせ用量を測りやすいので便利かと思う。

浣腸プレイの一環として使う輩も多いが、これこそ浣腸による排泄というところでプレイが固定してしまうので、浣腸プレイとしてのバリエーションには欠ける。したがって、浣腸で排泄したあとのプレイ、例えば、アナルファック等、次なるプレイへの前さばき的な代物といえる。

・その他

イルリガートル等医療器具としての腸内洗浄を目的とした器具もあるが、一般のプレイでは大げさすぎて、使うのは一部マニアに限られているようだ。

ガラスシリンダー型浣腸器の使用方法

では、一番ポピュラーなガラスシリンダー型浣腸器の使用方法等について説明する。

一、腸内に浣腸液等を注入するわけだから、当然、浣腸器の洗浄、滅菌は事前にしておくこと。

一、一〇〇～二〇〇ccの少量のお湯程度を注入するのであればさほど問題はないが、一〇〇〇ccを超えるような大量のお湯を打つ場合は、その前段階で同浣腸器により浣腸プレイの一環として、グリセリン溶液三〇〜四〇ccを打ち、腸内にたまった便を充分排泄したあとに行うべし。

グリセリン溶液の代わりにイチジク浣腸三、四本（一本一五cc）でもよい。要は、お湯等による大量浣腸前に、腸内の便をできるだけ排泄しておくことが大切なのだ。

一、便がたまったままでお湯等による大量浣腸をすると、腸内にたまった便にお湯が吸収され、腸が異常に圧迫され、潰瘍等の既往症のある場合等、その箇所から破裂等のトラブルが発生し、大きな事故につながる危険性もあるので注意されたし。

したがって、前段階にグリセリンをまず注入し、便を排泄させておく。グリセリンは便にお湯のように吸収されるのではなく、便を包み込むような形で排泄さすので安全である。

一、便を充分排泄したあとであれば、お湯等による大量浣腸は個人差もあるが、一〇〇〇〜二〇〇〇ccくらいまでは可能である。一〇〇ccのガラスシリンダー型浣腸器であれば一〇~二〇本の数になる。

一、お湯を浣腸する場合、適度な温度は人肌温とされている。洗面器にお湯を張り、自らの手を入れ熱いと感じたり、冷たいと感じるのはまずい。手を入れた時に違和感のないのが人肌温と思えばよい。

一、洗面器に張ったお湯がいささか熱いと感じたら、そこに水を足すのもよいが、プレイ途上であればあまりにも芸がない。この場合、シリンダー浣腸器により、洗面器内で空気に触れるようお湯を空打ちしてやると、急激に湯温は下がり適温となるので、そのような手法を使うと便利かと思う。

一、グリセリンを打って、被虐者の我慢させる限度時間は個人差にもよるが、おおよそ五~六分、煙草一本吸い終わるくらいの時間と思えばいい。便を排泄したあとのお湯による浣腸の我慢の耐用時間は一〇分でも一五分でも、浣腸練度の高い被虐者であれば二~三〇分は平気の者もいる。

一、オーソドックスな浣腸器の挿入法は、被虐者を両肘をついた状態で四つん這いにさせ、臀部を上方向に突き上げさせた体勢、すなわち前屈みの状態になる。その体勢の延長線上に浣腸器をアヌスに向け注入すると、浣腸溶液がスムーズに注入できる。
仮に、注入時、シリンダーがスムーズに押し込めない時は、注射器の先、ノズルが肉壁に当たり、ノズル口が狭くなり注入口の圧力の負荷がかかっていることが多い。その場合、浣腸器の挿入角度を上下左右にわずかずらし、圧力のかからない状態に位置させるようにすればいい。

一、グリセリン溶液の代用として、石鹼を使うという御仁もいるが、この石鹼とは医療用の石鹼であり、ホテル等に備えた石鹼では腸内の有益な菌まで殺してしまうことになり、むしろ後刻、トラブルを発生さすことにもなりかねないので気をつけられたし。

一、牛乳やアルコール類、これらも個人のアレルギー体質、あるいはお酒に弱い等もあるので事前にチェックの必要はある。

一、牛乳浣腸の場合、排泄時、ビジュアル的に壮絶感もあり、また臭いを中和させてくれることもあり、特に牛乳のアレルギー体質でなければおすすめできる。もちろん、便をグリセリンで排泄させてからということはいうまでもない。

一、浣腸を打つ際、臀部の谷間、尾てい骨あたりから、ローション溶液をほどほどの量、アヌスに向かい垂らし、そのローションの垂れた道筋に沿ってシリンダー型浣腸器のノズル部分を当てがい、同浣腸器をその谷間に預けるようにアヌスに向かって移動させると、うまい具合にちょうどアヌス部分で止まってくれる。

その止まったところで浣腸器のノズルを挿入すれば、少々暗い部屋であってもアヌスの位置を見誤ることはない。

一、シリンダー型浣腸器によると、空気浣腸や煙浣腸等、溶液以外の浣腸も行え、バリエーションのひとつとして試してみるのもよい。

ＳＭグッズアラカルト

街の「大人のおもちゃ」と称するアダルトショップを覗いたことのある御仁であればおわかりかと思うが、そのグッズのアイテムの豊富さには驚かされる。それもマニア性の強い店になればなるほど、よくもそこまで考え抜いたと思えるような創造性豊かなグッズが取り揃えられている。

スキモノであればだいたい使用目途がわかるものが多い中で、いかように使うのか思案に暮れる代物まである。性に対する思い入れ、こだわりが人間の英知をもってして創らせたのであろう。ただただ敬服する次第である。

これらアダルトショップで販売されているグッズの中から、比較的ＳＭプレイで使われることの多い物を紹介しておこう。

頭部、顔面に使用されるグッズ

・口枷（くちかせ）

俗にいうギャアグ（GAG）という代物だ。ボール型、ハミ型が多く使われる。ボール型ギャアグは前歯の内側に収まるよう、口中深く押し入れ、しっかりベルトで留め、固定させてやることだ。固定が甘いと、プレイ中の動きでボールが前歯突端に当り、思わぬダメージを相手に与えかねないからだ。

特にボール型でポリピロン系の硬質材（練習用のゴルフボール）で創られたものは、いたずらに緩んでいると前歯を欠損さす恐れもあるので、充分注意して使用することを望む。

また、ハミ型ギャアグは馬のハミ状のもので上下の犬歯で噛み合わさせ、ボール型同様ベルトでしっかり固定してやることが大切だ。その他、開口する目的のリング型、パイプ型等々が口枷にはある。

・鼻口責具(びこうせめぐ)
　これはまさに鼻口を責めるのに使うもので、種類もさほど多くはない。鉤(かぎ)状になった金具を鼻口に引っ掛け、引っ張り上げ、頭部後方で拘束する。顔面の歪感(ゆがみ)を創造し、被虐意識を高めるためのグッズといえる。

　使用に際しては、左右の鼻口の一点に金具の負担が掛かるので、慣れないうちはその金具部分にバンドエイドなどを巻いて使うと、相手のダメージも相当緩和される。

・目隠し（アイマスク）
　ブラインド・フォール度といわれ、視野を遮断することを目的に創られたもので、被虐者を闇の世界に送り込むグッズである。視野が塞(ふさ)がれ、かつ闇の世界ということもあり、被虐者の興奮を呼び起こさすある種の恐怖心と、同時にプレイへの期待妄想も抱きやすくさせる、初心者にとってはスグレモノのグッズといえる。

　使用に際してはとくに留意する点はないが、他のグッズと併用して使うことが多いので、装着する、あるいは取り外すタイミングはプレイ全体の構図と、被虐者の深層心理を押し計って行うことだ。

俗にアイマスクといわれるグッズで、目の部分が開口されているものがある。これはキャッツアイとでもいうべき代物で、ここでいうアイマスクとは全く使用目的の違う別のグッズと理解願いたい。

・全頭マスク

頭全体を包み込む皮革製、ラバー製のマスクがある。これには目が遮断されているものもあれば遮断されていないものもある。

この全頭マスクの大きな特質は頭部全体への拘束感に力点を置いたもので、とくに目なり耳を塞ぐことに力点を置いたものではない。もちろん目が塞がれておればアイマスクとしての効用もある。

首・手・足枷に使用されるグッズ

・首枷(くびかせ)

愛犬用の首輪的なものもあれば、手首枷と連結した拘束を主としたものもある。

首輪、手綱であればケンネルショップでも手に入れることができる。しかしSMチックな創りになると、やはり専門のアダルトショップで求めるほうがよい。単に首輪機能として創られただけでなく、責め具としての機能をも備えた創り込みになっているものが多いからだ。

例えば首枷の切り戸口、エッジ部分が鋸状に周囲全体にわたって切り込んであるものや、首輪周囲に数箇所、丸環（まるかん）を取り付けられてあったりで、頭を拘束等するのに都合よくできている。

・手枷、足枷

SMプレイの基本なる拘束に重宝であるという理由からであろう、皮革製、金属製、あるいはラバー系統のものまで種々多く見られる。

縄による捕縛が日本古来の文化からくるものであれば、手枷、足枷は西洋の皮革文化からきた捕捉具といえる。プレイにおいてロープ等でうまく縛ることができないという人たちのためにも、これらは便利なものだ。

ただ、手枷、足枷の場合、それが金属性であれば、使用するに際し相手にダメージのないように気を使う向きもあるが、皮革性の場合ついつい相手に対する配慮を忘れて使用に及ぶ場合がある。

そこで注意しておいてほしいことは、厚みのある一枚皮による枷の切り戸口、エッジが処理されていないものもあり、いたずらに引っ張り上げたりすると、このエッジ部分によって手首、足首を損傷させることがあることである。このような厚みのある一枚皮の枷の場合、事前にエッジ部分にサンドペーパー等で丸みをつけておくことも大切かと思う。

枷には他に胴枷もある。これも枷には違いないが、ルーツがコルセットと思われる節もあり、コルセット的に装着するプレイに多く見られるもので、通常のSMプレイではあまり被虐者に対し施すことは少ないようだ。

プレイの流れで相手を水平に吊り上げたりする場合には、安定感があり、その点では有効なグッズともいえる。

手を捕捉するのに枷以外に、両手首から先、掌の部分を包み込むミットというものがある。ボクシングのグローブのようなものを想定してもらえばいい。もちろん左右のミット双方には止め金具が付いており、掌を差し込み手首のベルトを留めると捕捉状態になるグッズだ。

乳首、クリトリス、ラビアに使用されるグッズ

・ピンチ

乳首、ラビアあるいは体表の一部をはさむピンチ系のグッズも種類が多い。一般には洗濯バサミを利用しているケースを多く見受ける。洗濯バサミの場合、現在市販されているものとなるとポリピロ系の材質でできたものが多く、木質、アルミ製のものはほとんど見られなくなった。

いずれにせよ初心者のうちは、バネ部分を若干甘めに緩くしておくとか、ポリピロ系の場合は、挟む部分のギザギザをサンドペーパーでなめらかにしておくような配慮は必要かと思う。

もちろん、アダルトショップでピンチ系グッズを求めると、その点はクリアされているので問題はない。

・万力系・吸引系

ピンチ系以外に万力系の乳首責め具や乳首、クリトリスの膨脹を促すために使う吸引系のグッズも見受けられる。二人のプレイがスムーズに進むようであれば、趣向に応じ、それらを試してみると思わぬ発見ができるかもしれない。

プレイに使える日用品

アダルトショップ等でプレイグッズを揃えるにこしたことはないが、一般日常生活で使っている日用品にもプレイに使える代物は結構あるものだ。

その気になって探せば「これも使えそうだ」「あれも使える」となり、そうなると、アダルトショップのお世話にならずともＳＭプレイが愉しめるかもしれない。機会を見て、君の家なり部屋を見渡してチェックするとよいだろう。

参考までにプレイに使えそうな日用品、それも特段の加工等を加えず、そのまま使えるものを各系列ごとにまとめてみた。

補捉系……物干しロープ・浴衣の紐・バスローブの紐・ネクタイ・ベルト・ガムテープ・包帯・腰紐・電気コード・サランラップ等
打撃系……長尺靴ベラ・スリッパ・ベルト・フェイスタオル・シャモジ・物差し等
痛感系……フォーク・ピック・竹串・銀串・アイスピック・洗濯バサミ・ピンチハンガー・スカートハンガー・輪ゴム・ルレット・和裁用かけはり・トンク等
快感系……スリコギ・掃除機・ブラシ・ハケ・ハンディ式電動按摩器・バナナ・ゆで玉子・ソーセージ・納豆・ナスビ・キュウリ等
その他……カミソリ・鏡・物干し竿・ホイップクリーム・日本手ぬぐい（豆絞り）・櫛（くし）・ヘアムース・ティッシュペーパー・線香等

思いつくままに、以上の日用品を挙げてみたが、見渡せばまだまだあるものだ。君の創造性をもってして探してみるがよいだろう。

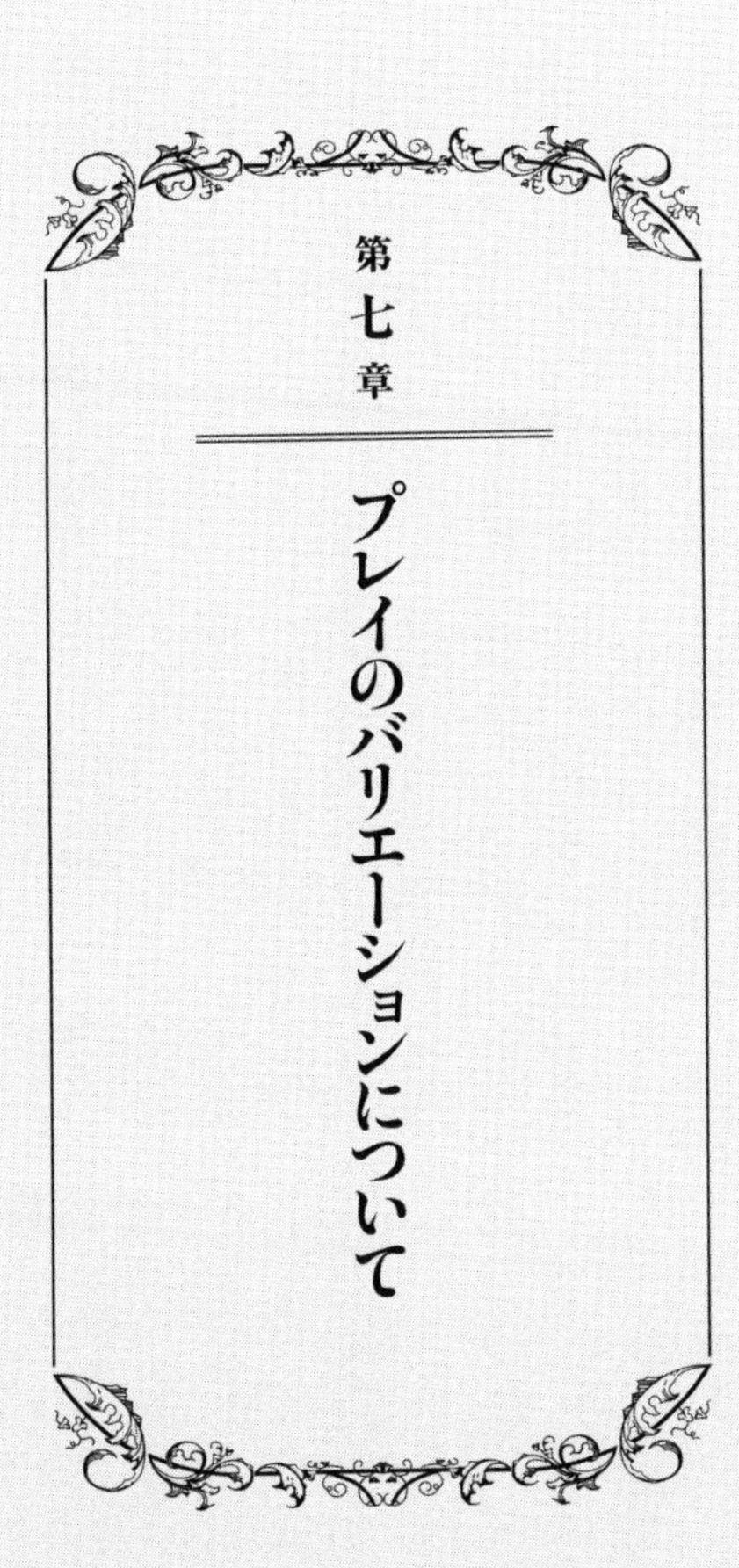

第七章

プレイのバリエーションについて

屋外プレイの楽しみ方

ＳＭプレイをプライバシーの保たれた室内空間で悦しむのは、秘匿性、排他性等が確保されているため、都合のいいことは誰にもわかる。

しかし、この秘匿性なり排他性が損なわれるとなると、プレイの条件は自ずと変わってくる。当然、プレイヤーである双方の心理面に影響を与えることは自明の理である。この心理面への影響を、逆にプレイの広がり、膨らみにつなげていく。

要約するに他人の目から遮断された界壁を廃し、それをマイナスとするのではなく、むしろ他人の視線なり気配をもプレイに織り込んでしまう。同時にプレイの行動領域も広がることでプレイの構図にさらなる有機性を持たす。

この特徴を有するのが「屋外プレイ」と定義づけられる。

この論によると、室内にて行うプレイでは、その部屋の窓を外に向かって開放する。あるいはプレイの領域をベランダ、テラスにまで広げて行う。これも立派に屋外プレイの範疇に入ってしまう。

また、建物内部とはいえ公共性の高い建物、例えば映画館、レストラン、デパートなども、他人の目があるという点で屋外プレイが成り立つ場所といえる。

その他、屋外プレイが成り立つ場所として、公共交通機関の車中、公園、都心の雑踏等々数限りなく考えられ、場所設定には困らない。

室内プレイにマンネリ感を抱く二人にとって、シチュエーションを変えるだけでプレイのバリエーションが増え、プレイを新鮮な形で悦しむことができるとなると、条件さえ整えば大いに屋外でのプレイをすすめたい。

ただ、日本が法治国家であることは忘れないでいただきたい。法治国家である以上、法律や条例なる網が張られており、それらにかかることのなきよう充分配慮の上で行うことを筆者は願う。

屋外プレイにおいて他人なる第三者をプレイの構図の中に織り込むとなると、事前に被虐者の思いの程を推し量っておく必要がある。

それは他人の視線の利用の仕方によって、二つの局面に分かれる。それを分けて構図を描いておかないと被虐者が精神的に退いてしまったり、あるいは逆に物足りなかったり失敗につらなることもある。

その局面の一つに、現実には他人の目には晒されることはなくても、被虐者の心理の中にいつ何時、第三者に看破されるのではないかという不安感に苛まれた状態でのプレイがある。あるいは、被虐者に課せられたりなされている状態が、既に第三者に知られているのではないかという心の不安感を抱かせた状態、いわゆる妄想支配型。

もう一つは、さらに刺激を必要とする実視支配型とでもいおうか。被虐者を第三者である他人の視野の中に明らかに入れて、プレイの流れの中で完全に取り込んでしまうやり方。

リードする立場にある君は、このように二つに切り分けて対応しないことには、せっかくの屋外プレイが台無しとなるので、そのあたりを留意して臨んでほしい。

後者の実視支配型には、屋外プレイを好むという露出癖を有する者も含まれる。その思いの強い者にとっては屋外でのプレイなくしてＳＭプレイはあり得ず、ＳＭプレイの間口の広さを痛感するはずだ。

屋外プレイの実践例

平日開店間際のデパート、店員も開店間際ゆえ、一日の業務の始まりということで、それなりの緊張感も走っていると想像できる。メンズウエア、それも略礼装服等堅いスーツの売場コーナー、その時間帯に行けばわかるが、当該コーナー付近はほとんどといっていいほど来客の姿は見えない。しかし、開店早々ということもあり、店員たちは然るべき所定の位置に立ち、来客を迎える姿勢がうかがえる。

その静かでピーンと張りつめた緊張感の走る中、やけに窮屈そうにコートを羽織った一人の女性が、ゆっくりとそのコーナーに足を運ぶ、踵（かかと）の高いハイヒールのためか、床のタイルに「コツコツ」と足音を響かす。当然、店員たちの目は彼女を注視する。とくに陳列商品に目をやることもなく、コーナーを歩く彼女。

窮屈そうにコートの前釦をしっかり止めて歩く彼女の存在は、何となく奇妙に映るはずだ。

彼女はコートの下に何も身に付けていない。身につけているものといえば、赤いロープの股縄一本。一歩一歩足を運ぶ。それに応呼したように彼女の上気していく様子が手に取るようにわかる。

プレイをリードする君、は彼女の後ろから離れて歩くこと五、六メートル。当然彼女とは連れのそぶりは見せることなく、客を装って彼女の後ろを観察しながらついていく。

筆者も屋外プレイを行う時、最初の導入部分で何回か試したことがある。この状態での行為は妄想支配型のプレイと思えばよい。しかし、この彼女に犬の首輪、それも明らかに犬の首輪とわかるようなやつを付けて同じように歩かすと、店員の注視の仕方も変わってくる。そうなれば実視支配型に変わってしまう。

この例一つでもわかるように屋外プレイというものは、日、時間帯、シチュエーションを考慮に入れ、そして、周り、環境の中でいかに被虐者に羞恥心等を呼び起こさすか、事前に充分、整理整頓してプレイに臨むと効果絶大となる。

3P（三人掛）以上の複数員による悦しみ方

通常二人だけで悦しむSMの世界も、三人、四人と複数で悦しむとなるとこれまた、SMの有機性が拡がり更なる悦しみ方が増えてくるというものだ。

俗っぽい言い方をすれば、三人でプレイすれば3P（三人掛）、四人ですれば4P（四人掛）ということになる。ただSMがベースになる3P、4P等はやはりプレイの膨らみ、プロセスに力点が置かれるので、悦しむ基準値も社会通念上の3Pとか4Pとは若干異にする。

また構成するプレイヤーの性別「男性」「女性」、あるいは趣向性である「S性」「M性」、これら四つの素元子の絡み次第で、単に3Pといっても一二通りの配列パターンができるのも特徴といえる。

その配列パターンも、プレイの全体構図が変わることによって流れ、プロセスも際限なく枝分かれする。そうなるとますますもって、SMをベースにする複数員プレイは特徴だってくることとなる。

一見、複雑な様相を呈す複数員でのＳＭプレイも、次の三点をしっかり押さえてかかれば何ら問題はない。

一、Ｓ性、Ｍ性問わず、プレイを構成するメンバー全員の趣向に対する思い入れが共通していること。趣向が多岐にわたるＳＭプレイだけに、共通枠外の者が混じるとプレイそのものが成り立たなくなる恐れがある。その点は二人だけで行うＳＭプレイと全く同じである。

二、プレイをリードする嗜虐者（Ｓ）の中から、全体を把握でき、プレイのイニシャチブをとれるリーダーが必要だ。

このリーダーは、プレイ全体の構図を創造するディレクターであり、リードオフマンでもある。同時にジャッジ的役割をも持ち合わせなければならない。

特に多人数によって行うオージーパーティー等の場合には、絶対不可欠な存在といえる。

三、ＳＭプレイの究極の悦びともいえるプレイが醸し出すハーモニー。このハーモニー、調和を乱すことがあってはならない。そのためにも参加者お互いが、個々のレベル、すなわち肉体性、精神性、あるいは技巧度を知っておくべきだ。同時に基本となるルールはプレイ前に全員で徹底しておく必要がある。

以上の三点を頭に叩き込んで、複数員プレイに臨んでほしい。

ただ複数員によるプレイであっても、ペアのみの参加でペア相互がプレイを観賞しあうとか、各ペアが同時進行形でプレイを行い他組のプレイを自分たちペアの刺激剤として利用する、し合うという場合もある。これらも複数員による悦しみ方ではあるが、これらに関していえば先の三点は当てはまるものではない。例外中の例外と見ていただきたい。しかし、これらペア二組、三組がタスキ掛け状態、いわゆるスワッピング形態のプレイに連なる場合、は先の三点は当然生きてくる。

では複数員プレイを次の二つの実証例で具体的に検証し、君のプレイの参考にしてほしい。

3Pのケース

君は単独参加の嗜虐者（S）である。相手はペアを組むA氏とそのパートナーのB子嬢である。

A氏（S）とB子嬢（M）は常日頃二人でプレイを悦しんでいる。今回君を一枚加え三人でプレイがしたいと要請があった。

この場合ストレートに考えると、君は俗にいうオタスケマン的役割のようである。しかし、君も単なるオタスケマンでは、何となく面白くはないだろう。そこで君は自分自身の意識を変えるとよい。A氏、B子の二人は君の思い入れを叶えるための協力者だと。ものは考えようである。君の意識を一八〇度変えることで君の悦しみも湧いてくる。

このケースの場合、君を加えるということは、A氏サイドにもそれなりの思惑があったはずである。二通りの思惑が想定できる。

一つはA氏とB子嬢のプレイの構図の中に君を一枚加えることにより、君をA氏をサポートする駒、同時に視姦的小道具として見ているか。もう一つはA氏サイドにとってメンタル、技巧的にまさに行きづまり状態で、君のメンタル性、技巧に委ね、新たなる風を吹き込みたいのか、のいずれかである。

いずれであったとしても、君は意識の持ち方一つで、君自身、悦しくもオタスケマンにでもどちらにも成り得る。

A氏サイドの思惑が前者であったとする。なれば君は徹底して二人のプレイを間近で観る、観賞者の意識に立つことだ。A氏がリードするプレイ中に、A氏から「あれを取ってくれ」とか「ここを押さえておいてくれ」と言われようが、君の意識が明らかに観賞者になっていれば、それはそれで君の気持ちは整理がつく筈だ。

例えばこのように考えてみてはどうだ。君がストリップを観に行ったとしよう。踊り子が踊りながら着物を脱いでいく、その着物の帯の端を、観客席の君に踊り子が手渡した。踊り子はクルクル舞うように、帯を解いていく。君は観客という意識の中にある出来事ゆえ、その行為に違和感はないはずだ。むしろ踊り子とのスキンシップがはかれた悦びのほうが沸き立つと思う。

また、後者の思惑でA氏サイドが君を一枚加えたとする。それこそA氏の期待に応えるべく、君の思いを、B子嬢の許容できる枠の中で縦横にプレイを膨らませて悦しめばよいのであって、逆にA氏を君の駒、小道具としてプレイに関わらせてやればよいのだ。

オージーパーティー

オージーパーティー、俗にいう乱交パーティーと理解していただいてよい。ただ、乱交では言葉に節操がなさすぎるきらいがあり、そこでSMなる神の下に集まったメンバーが神に捧げる信心の気持をプレイに託す、それを「SMオージーパーティー」という横文字で呼称すると思ってほしい。

オージーパーティーのケース

ではここで、読者である君が主催でオージーパーティーをシミュレーションすることで、本番に向けてのイメージトレーニングをしてみよう。

今回のオージーパーティーは、浣腸マニアを対象としたパーティーである。二組の夫婦ペア、主人はSで奥さんはMである。

あとは単独参加のS男性が三人。そのうちの一人には全くパーティー経験はおろか、浣腸プレイすらしたことがないA氏も含まれている。A氏は実際の体現経験はないが、興味があり、浣腸に大変な思い入れがあるので、今回のパーティーに見学でもよいからという本人の意向で参加した。

あとの単独参加者はS男性のB氏とC氏、いずれ劣らぬ浣腸マニアである。特にB氏においては、浣腸プレイなくしてSMは成り立たないと思っている程の超マニアである。

A氏とB氏を比較すると、思い入れの点では共通するも、体現経験となると幼稚園児と大学院生ほどの落差がある。

以上の七名に、君と、君の愛奴のD子嬢の計九名である。S男性六名に対しM女性三名、この比率バランスも、複数員で行うSMプレイの場合ちょうどよいのだ。S男性二〜二・五人に対しM女性一の割合である。なぜなら、SMプレイの場合プレイ中においても小道具を装備したり、次なる展開の準備行動にかかったり実にリードする側のS男性の作業量は多い。

その他、プレイにおける責めの場面でも、中心となって責めている者の補佐を務めてやることも結構ある。

今回の参加メンバーの人選は君によるもので、君のみが今回の参加メンバー全員と面識はある。しかし二組の夫婦、単独S男性三名、そしてD子それぞれ個別には全く面識がない。

以上の設定与件を次のように整理しつつ、若干の与件及び心得を補足してみた。

オージーパーティーの与件及び心得

一、プレイの会場はシティホテルのスウィートルームとする。今回のパーティーのようにテーマが浣腸プレイを中心とする場合、大便器が二箇所以上あるのが望ましい。また参加員数が九名となるので、やや広めの部屋がよいとなるとスウィートルームが適当かと考える。
ただし、シティーホテルの部屋のドアは通気の関係でドア下部がアンダーカットされており、隙間が必ずある。廊下側への声の洩れを防ぐためにも、部屋側からドアのアンダーカット部分に備え付けのバスタオル等を丸め、事前に目張りをしておく必要がある。

一、今回、君を除いて、全員（組）が初対面なので、お互いに清潔感を抱けるよう、パーティーに入る前にシャワーを浴びることを義務づける。趣味人によっては、プレイ前にバスに入ったり、シャワーを浴びることを嫌うマニア性の強い者もいるかと思うが、初対面の時はシャワーを完全に履行させるほうがよい。

一、シャワーを浴びたあとは、初対面同士ゆえメンバーの緊張感をほぐしてやるという観点から、軽いスナック菓子とビール等で歓談タイムをとることは必要である。もちろん、今回の参加メンバーを人選した君が歓談タイムの進行役を務めることは当然である。

一、今回参加メンバーのマニア度に序列づけすると、一番経験豊富なのがB氏であり、それに続くのがC氏となる。そのあとに君とD子、そして二組の夫婦、この三組は横並び一線とする。最後に来るのが今回が初めてというA氏なのだ。

このように、思い入れの方向は一緒なれど、プレイのマニア性、レベルに隔差があり、初対面同士という間柄の中では本来B氏にリーダー役をさすのが理想かと思うが、レベル的に中位につけている君がメンバーを人選し全員と面識があるという点で、やむなくイニシャチブを執らざるを得ないだろう。

何も逡巡することはない。君は、このパーティーのイニシャチブを喜んで執るべきで、パーティーの初めから終わりまでリーダーシップを発揮するべきである。

本項の最初のほうにも記したが、リーダーの役割は、パーティーのディレクターでありリードオフマンである、同時にジャッジもしなければならないとある。

何かこれだけが頭にこびりついていると、皆を悦しませるためだけのボランティア活動のように思ってしまうかもしれない。しかし、これも君の意識の持ち方で右にも左にもなる。君の思いを叶えるために今回のメンバーが集まってくれて、自分の周りで環境づくりをしてくれているのだと思えば、その場のリードオフマンにもなれるし、ジャッジをも自然とできるものだ。

もう一つ、プレイ全体の構図のことだが、参加したメンバーのレベル格差をどのように埋めるかという点についても心配はない。参加メンバーの中位程度に位置する君なら可能である。君より高位、低位のレベルに位置するメンバーを自分のレベル前後に引き寄せれば済む。

レベル的に高位置にあるB氏への対応は、歓談タイムを利用して、皆の前で、B氏のキャリア、マニア度を褒めてやり、プレイの指導を仰ぐという方向で遇してやると、仮にB氏の胆の中に一丁、皆の前でよいところを見せてやろうかという気持ちがあったとしても、エスカレートする気負いにブレーキが作動するはずだ。

しかしながらプレイ中にエスカレートしそうな場面になったら、君はそのB氏の行為を正面から否定せず、まだその娘はB氏のレベルまでは教え込まれていないのでうまくやってくれとか、他のグループがプレイに難渋しているのでそちらの方をたすけてやってくれとかいって、B氏の気をそぐと、抵抗感なく従ってくれるはずだ。

B氏がいい子でいる以上、C氏も飛び跳ねたりエスカレートすることはない。

仮りにC氏がエスカレートしそうになっても、B氏がたしなめ押さえてくれるはずだ。何といっても歓談タイムにB氏のことを褒め上げ、プレイの手本のように言ってあることがこういう場面で効いてくる。

A氏の場合、初めてなので見学だけと自分では言っていたとしても、それは、経験がないための不安感が言わしめたもので、実際プレイに入ってしまうと、やれ「洗面器に湯を入れてきてほしい」とか「そのグリセリンを取ってくれ」とか君のほうからプレイに巻き込む形で指示してやれば、結構、場に馴染んでくる。そのうち「ちょっとAさんも浣腸一本打ってやってくださいョ」なんて言うと、悦んで巻き込まれてくるはずだ。

二組の夫婦にしても、君と同じレベル程度であれば、君と愛奴のD子嬢がパーティーの導火線役（リードオフマン）になり先にプレイをスタートさえすれば、引き続いてプレイに加わってくることは確実だ。B氏、C氏も当然絡んでくる。遅れてA氏までが絡んでくる。

スウィートルームに三つの塊が、怪しくうごめき、歓喜の音色が重なり合ってくると、そのオージーパーティーは大成功である。

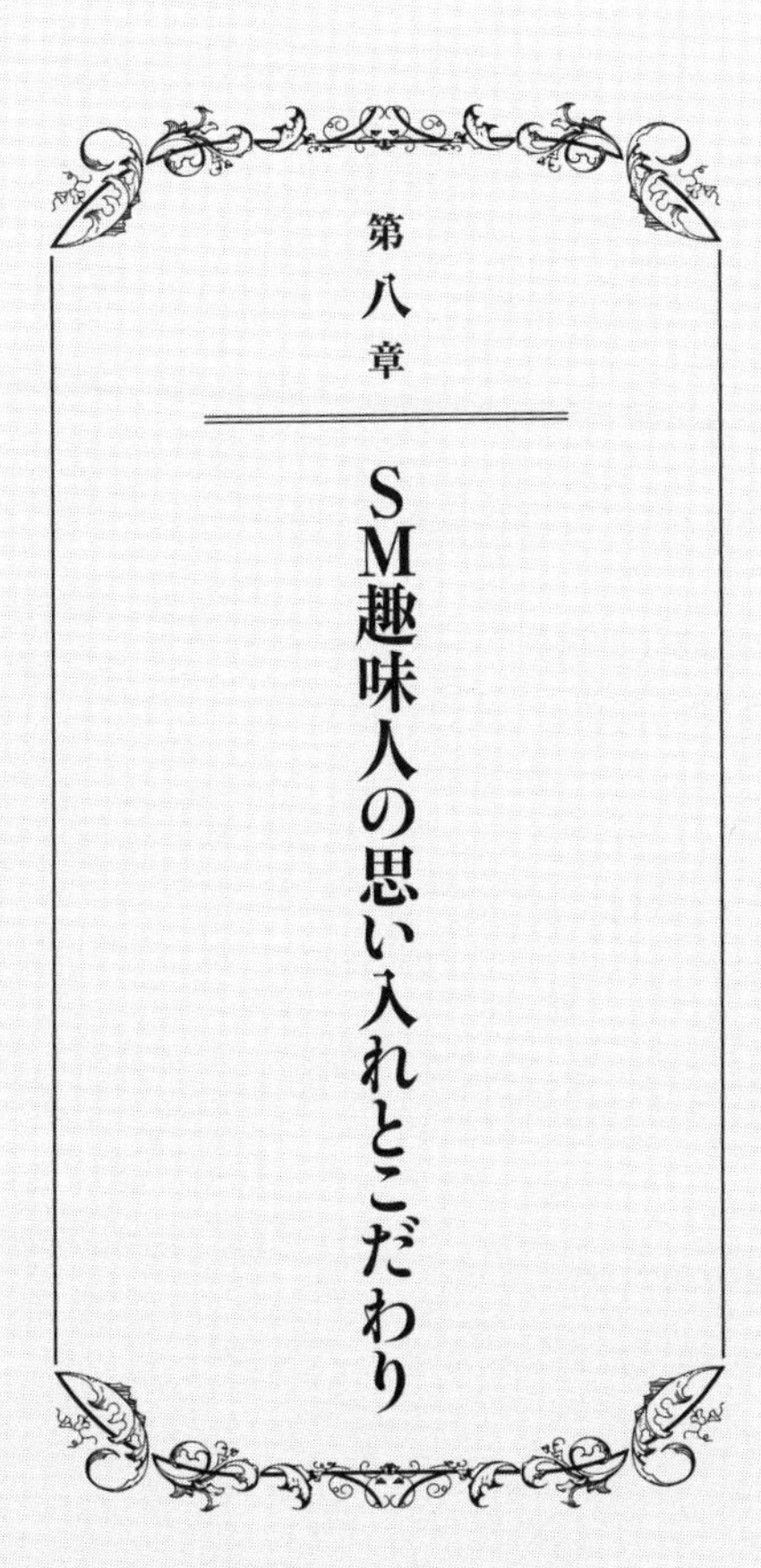

第八章

SM趣味人の思い入れとこだわり

こだわり列伝

ＳＭに対する趣味人の思い入れ、この思い入れだけはまさに多種多様、多岐にわたる。動物生理学的に異なる男性と女性、性に対し能動的特性を持つ男性、それに対し女性は受動的ともされている。

しかしながら、性に対するイマジネーション、願望妄想等脳内における有機作用が、男性女性問わず動物生理学的要素をもファジーにさせてしまうこともある。男性であれ女性であれ、Ｓ性（能動的）の強い人もあればＭ性（受動的）に走る人もいる。また、性的対象欲望を同性に対してのみにしか持ち得ない人もいる。

それらが複雑に絡み合い、自分の思い入れの世界を際立って創造させてしまう「こだわり」の趣味人もいる。

彼らの世界は自らの思い入れに対し、とことん「こだわり」、中途半端な妥協は許さない性の聖域が形成されている。

その結果、その思い入れに重なる相方探しとなると、砂漠でオアシスを見つけるか、場合によるとネス湖でネッシーを探すがごとしで、ほとんど見込みすらない相方を探している御仁すらいる。

そのような輩の中にも理想の相方を見つけ出したり、あるいは自己の思い入れに相方を同化させてしまったような強者もいる。そんな幸運な御仁の「こだわり」について紹介しておこう。

糞便は人間の分身である

ＳＭ趣味人の中には、スカトロ系の趣味人を指して「あの世界はＳＭではない」とか「邪道だ」という御仁もいるようだが、私にいわせるとそのような線引きをすることが既におかしな話であって、性のフィールドを充分に悦しみ得たい連中の中には当然、スカトロジストがいても何ら不思議ではない。

私の知るＳ・Ｔ氏などは、スカトロジストとしては明確に自分の世界を確立している人である。れっきとした中堅の旅行代理店を経営し、責任感も強く、部下のみならず取引先からも大変信頼されている人物である。

彼のスカトロ観は糞便なるものは決して汚物ではなく、肉体の分身だという認識が根底にある。その分身なる糞便を愛おしく想い、その愛おしさがひいては自らの性的高揚心につながるというのが彼の持論なのである。

もちろん、自らの糞便（分身）のみならず、相方である彼女の糞便もこれまた、彼女の分身であるとされ、彼のプレイの意識の中では自分と相方の二人にそれぞれの分身をプラスし、四者が重なり合う四巴的な考え方が重要視されている。

したがって、分身なる糞便にも健康で力強さが要求される。その力強さとは排泄の力強さ、さらには固形度においても一定の硬度をも要求し、軟便は彼の世界においては未熟児扱いであり、非健常者的存在である。

自然排便ですらそのような考え方を持つＳ・Ｔ氏には、浣腸行為によって排泄された糞便についてはさらに厳しく、外道そのもの。客観的に見れば同じ糞便にもかかわらず、人工受精によりうまれた分身とでも思えるのか、その存在は全く認めてもらえない。この辺りが彼の思い入れの強さである。

通常、愛し合う男女の間で、相手のことを「喰べてしまいたい」と言ってみたり、喰べてしまいたい程愛しているなどと心の中で思ったりするのは決して奇異ではない。

Ｓ・Ｔ氏もそうした強い思いに至るのだが、喰べたい程愛している相手を実際、喰べるわけにはいかない。そこで分身である糞便が自身や恋人に置き換えられ、彼独特の愛の形を表現しているのである。

互いの体表面、皮膚に糞便をすり込み合うことは、我が分身と相手が一体化すること、ひいては四者が一体化することなのである。糞便を体表面からだけでなく、文字通り、お互いを愛するあまり、喰うことも彼にとっては自然の流れなのだ。

彼の思いのある分身、糞便は明らかに崇高な意味を持ち、ある種、神と自分とを繋ぐ供物とすら考える節がある。その証拠に、仕事柄、海外出張の多い彼は恋人を伴い、現地の主なる寺院等を訪れ、彼女にその分身たるものを寺院等の片隅に排泄させ、そのまま、供物として供したということもあると聞く。

一般の目から見ると、有名寺院等の宗教施設での排泄は、単に背徳感あふれる屋外プレイの域にしか映らないのだが、Ｓ・Ｔ氏にとってのそれは、極めて意味深い行為に他ならないのである。

世界で唯一の手づくりロープ

単に縛りといえども、緊縛美（きんばくび）と称する造形美を悦しむ趣味人は、男性女性を問わず結構いるものだ。

しかしながら、造形美を求めるという点において各人の思い入れはそれぞれ異なり、緊縛写真等を見るにつけ「この縛り込みがよい」とか「髪の乱れ方はこうでないといけない」等々、意見も割れるところが、縛りに対する間口の広さを感じさせてくれる。

ある薬品メーカーに勤める中間管理職であるN・T氏も、また長年にわたる緊縛趣味人（マニア）の一人だ。

N・T氏の場合、他の緊縛趣味人と著しく異なるところは、ロープそのものに対してのこだわりである。もっとも縛りの愛好家であれば、麻縄がよいとか、カラーの綿ロープがよいとかいう程度のこだわりは持っているだろう。しかし、N・T氏のこだわりはその程度では収まらない。

まず、自らの手により一本の糸を染め上げるところから始めるのである。一本ずつを微妙に違う色に染め上げた糸、それを束ね、縒り、一本の組み紐に編み込む。編むことによってできるロープは独特な色彩、風合いを醸し出し、縛られる相方の肌の色、肉感、あるいは縛る造形等々まで考慮されて編まれており、世界で唯一のロープなのである。

完璧な緊縛美を求める彼は、ロープの形状に関しても彼なりのこだわりを持つ。縛りを多少なりともなさる御仁であればわかると思うが、女体の肉感溢るる乳房部分や臀部などは、通常は径が円になった円状ロープで縛っても、それなりに食い込んだ緊縛感は出る。ところがこれを平たいテープ状のロープで縛れば、さらにテープのエッジが肉に食い込み、より緊縛感を強まらせる。彼の創作するロープは平べったいテープ状のロープなのだ。おまけに、微妙にグラデーションに編まれているため、よりいっそう緊縛感が出る。

彼の緊縛美学にはそれらの手創りロープを使うに明確な根拠があり、説明を聞けばなるほどと唸らされてしまう。実際、私は彼の創造作品の写真に収められた緊縛写真を見せてもらった。たしかに彼がいうところの緊縛感を感じ得、彼の「こだわり」に改めて敬服したり、思いの深さに感心させられたものである。

緊縛美――その造形に至るN・T氏のたどるプロセスには、趣味人としての奥の深さをしみじみと感じさせられるのだ。

責め具は若妻が創意工夫

自らの美学を追求するあまり、ロープまで自分の手で作ってしまうN・T氏みたいな御仁もいれば、今年三六歳になる専業主婦のT・Yさんのように、M嗜好の自分が責められる道具を自ら創作してしまうというお人もいる。

彼女の創作する責め具に使われる素材というのが、すべて愛する御主人が常日頃、身に着けていたり、使用していたもので、その後使われなくなった廃物利用に限るという点で、やはり「こだわり」を感じさす趣味人といえるだろう。

彼女は中学を卒業してすぐに、中学時代アルバイトをしていた先の運送業の経営者、すなわち現在の旦那と結婚。旦那とは二〇の歳の差があり、客観的に見ればどう見てもオトコに騙されたとしか見えないのだが、当の彼女は彼に一途としか思えない程、今もって尽くす女性なのである。

その幸福な旦那、元来、Ｓ嗜好の強い御仁で、結婚当初からＴ・Ｙさんとの夜の営みはすべてＳＭチックな性（セックス）を行っていたともＴ・Ｙさんは言う。彼女も初のオトコ経験がその旦那であったゆえ、夜な夜な行う性戯とはそういうもので、男女間ではごく普通のことと思っていたそうな。

とはいうものの、Ｔ・Ｙさん、潜在的に充分被虐心を持ち合わせていたのであろう。御主人のリードするＳＭチックな性戯に、何ら違和感もなかったらしい。ＳＭ中毒症とも思えるＴ・Ｙさんの御主人に対する愛はことのほか強く、まさに御主人の「性奴」と端から見ても疑う余地がない程ベタベタで、そのような彼女ゆえ絶えず御主人に構ってほしいという思いが、彼女を自らの責め具を自らの手で創作することへと駆り立てたのだろう。

御主人の使い古したベルトが貞操帯に、カフスボタンはピアスに、運送車輌の荷台で使うゴムチューブは鞭に。また、釣り好きの御主人の釣り道具の重りなどは洗濯バサミにぶら下げ、ニップ責めの小道具にというように。彼女の自らへの責め具のほとんどは、御主人に縁のあった物で作ったという。

おまけに、普段、それらグッズをしまっておくのに使うバッグというのも、これまた御主人が永年使用していたアタッシェケースときている。その中はグッズ類が収まりのいいように区切り板が施され、キチンと収納されている。

Ｔ・Ｙ夫妻がＳＭオージーパーティーに参加する時はいつも、お手製グッズの一杯詰まったそのアタッシェケースを持参する。端から見ると実に微笑ましいご夫婦なのである。

理想の愛奴は関取系

モノ（物）にこだわる人もいれば、モノ（者）にこだわる人もいる。

ＳＭ趣味人以外の人であっても相方にこだわるのはいうまでもないが、ホモセクシュアルな性癖を持ち合わすＨ・Ｕ氏の場合、相方は男性でないと高揚しないのは当たり前のことだが、彼の場合、相方との間にＳＭプレイがベースとなった性戯が織り込まれないと満足し得ないという御仁である。

その彼が五六歳になった今ようやく、理想の愛奴とめぐり逢えたという。ホモでＳＭ趣向者、そして念願叶い、ついに出逢えたプレイメイトとは如何なる愛奴なのかとなると、これまた「こだわり」の御仁であった。

その愛奴というのがマッチョでもなければスレンダーでもない、大変なデブなのだ。身長一六〇センチ程度にもかかわらず、体重も身長と同じ「超デブ男クン」なのだ。

Ｈ・Ｕ氏にその自慢の愛奴を紹介されたことがあるが、それは元大関の小錦の縮小版とも思える太り方で、まさに肉の塊、とても「ネコ（受け身）」とは思えない。細身で一八〇センチ程あるＨ・Ｕ氏とは全てにわたり対極にある。自らにないところを求めるとはよくいったもので、絵に描いたような二人である。

プレイにおける彼のリードは徹頭徹尾、言葉による責め。言葉責めに勝る責めなし、とまでＨ・Ｕ氏は言い切る。標準的な体躯（たいく）の持ち主であれば、物理的な責めも受け身（Ｍ）のリアクションでわかりやすいが、彼の愛奴となると物理的な責めではリアクションが緩慢に見えるらしい。したがって、内実から沸き上がって反応してくれる精神的効果に期待する言葉による責めが一番ともいうのである。

例えば深夜、幹線道路に車を停め、そのデブなる愛奴を全裸のまま、車外に放り出し、道路沿いの店の自販機で飲料を買いに行かせたり、時には道路の横断歩道を渡らせたりする。深夜といえども幹線道路ゆえ車輌の往来も多い。要するにＨ・Ｕ氏の指示命令による羞恥心を煽る屋外プレイである。

羞恥心を煽ったり、その延長線上の弄びにより高揚する愛奴の反応はH・U氏にもびんびん伝わってくるともいう。その愛しさゆえ、最後には御褒美として彼のイチモツを愛奴に受け入れさせてやるらしい。この肉感溢るる愛奴がH・U氏の究極のパートナーであるというのも「こだわり」なのかもしれない。

長年にわたりSMの世界に関わっていると、趣味人や趣味人予備軍からいろいろな相談や質問を受けることがある。「こんなことで悩んでいるのか」とか「今まで、性を充分わからずにこんな捕まえ方をしていたのか」というようなレベルのものもあれば、私自身はたと気づかせられたり、教えられるようなことも幾多とあった。

そのような経験を踏まえて、この章までは私の知り得る知識のほとんどを記述してきたが、どうしても章立ての都合上記述しきれなかった部分がある。

次章ではそのあたりをQ&A形式で補填(ほてん)させていただくことで、これからSMプレイに取り組もうと考えている御仁や、SMプレイ上何か行き詰まっている御仁の道(どう)標(ひょう)になればと願う。

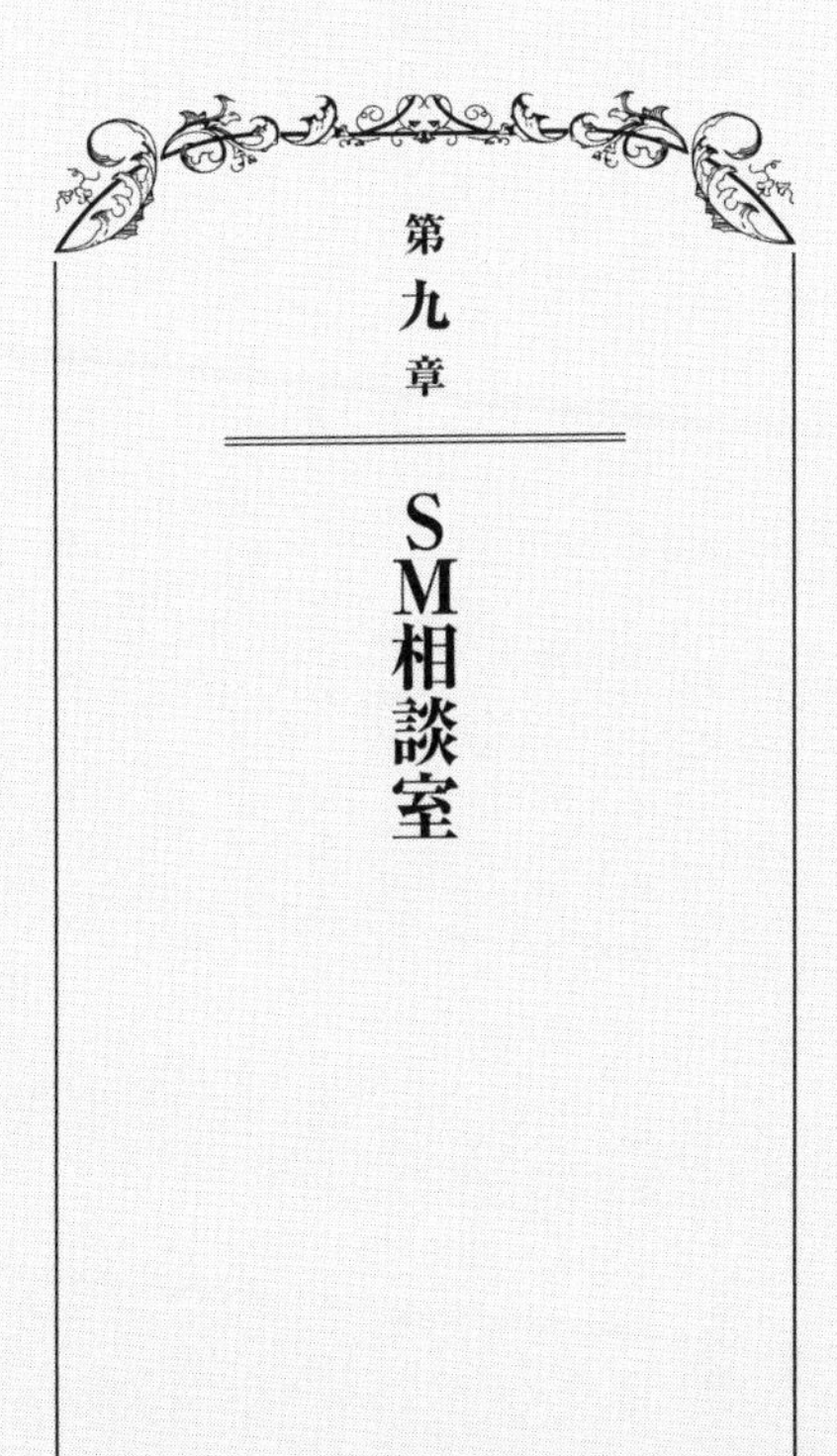

第九章

SM相談室

SMクラブの選び方は？

Q 巷にSMクラブの店がありますか？ また、お店の選び方ってあるのでしょうか？

A 大雑把な見方をすれば、夕刊紙、スポーツ紙、あるいは風俗雑誌に営業広告を出している店と、SM専門誌に営業広告を出している店とでは多少、店としての客へのアプローチが違うかと思われます。

もちろん、前者、後者、双方に営業広告を出している店もあるので、一概にはいい切れない点もありますが、前者については単なる風俗遊びの延長線上で、エッチな好奇心を持って訪ねる客をも受け入れられるようなファジーな店が多いかと思われます。

また、後者については比較的SM趣味者（マニア）、あるいはSMプレイに興味のある客に絞り込み、営業展開をしている店が多いかと思われます。したがって貴方のSMに対する想いにより前者、後者を使い分け、セレクトして訪ねてみてはいかがでしょうか。

では、訪ねるに際しての注意点を申し添えておきましょう。

恐らく、訪ねるに当たっては事前にそれらの店に電話をするところから入るでしょう。その際、システム、料金、あるいはプレイの細かい内容等についてまで適確に応えてくれる店はまず環境が整った店と思われます。店側の答えが曖昧であったり、何か言葉を濁すような店は避けられたほうがよいでしょう。

さらに、慎重を期するのであれば、古本屋で古いＳＭ誌を扱っているところがあるので、三、四年以前に発行された雑誌を求め、それら雑誌に広告を載せている店に電話をしてみるのもよいでしょう。電話がつながるようであれば現在にまで営業が継続している訳ですから、それなりに店としての実績もあれば経験も積んできているはずで、客のニーズに応える術もわかっているので、一応、安心して遊びに行ってもよいかと思います。

パートナーが欲しい

Q ＳＭに対する想いを叶えるために、自らの想いと重なるパートナーとの出会いを望んでいるのですが。

A 最近、インターネットを通じての出会い系サイトもあり、その中でもSM趣味者に焦点を合わせたサイトもあるようです。また、数あるテレフォンクラブでもSM出会い回線を設けている業者もあります。男女、夫婦交換等お互いに自分に見合う相手を探す交際専門誌も、かなり以前から発刊されています。さらにはSM趣味者を募るSMサークルなども存在し、それらサークルでは会員間での出会いなども可能な仕組みになっているところもあります。

どの分野においても、自分の想いに合うパートナーを探すというのは、なかなか難しいものです。結婚相手、生涯の伴侶を求めるにも難しい現実。ましてやSMに対する想いが自分とパーフェクトに重なるというのはきわめて難しいのが現実でしょう。

しかし、そんなことをいっていても始まりません。したがって、自分の許す時間と金があれば、その範囲内でインターネットによる出会い系サイト、テレフォンクラブ、あるいは交際誌等によりこまめにアプローチするしかありません。

それら時間を惜しむ向きには、SM趣味人の集まるサークルなどを訪ねてみられるのも一つの手段かと思います。SMサークルと称する団体も、SMクラブほどではありませんが、この日本にも数多く存在するようです。

ただし、中にはＳＭサークルとは名ばかりでＳＭクラブそのもののところもあり、また、会員メンバーの数が少なかったり、あるいは後々、プライバシー等の問題でトラブルにつながる危険性をはらんだにわかサークルもあるようです。これこそ古いＳＭ雑誌を求められ、それらの雑誌によって継続しているＳＭサークルを探してみられるのが安全かと思われます。

マンネリ解消策は？

Q 永年、夫婦でＳＭプレイを悦しんできたのですが、最近とみにマンネリ感を来しております。何かよい解消策は？

A ＳＭプレイなる性戯、日常生活とは隔離したところに情趣があったり、精神的異次元空間での性戯、即ち脳による妄想が性のフィールドをより広くし、立体的にも有機性をもたらしめるものだと本文でも述べてきました。

したがって、日常生活そのものの中で接する機会が極めて多い夫婦間においてはよく聞く質問です。ことＳＭプレイに関しては相手との精神的距離間、あるいはベールに包まれた神秘性、奇想天外な落差等々、プレイの基幹となる部分がしっかりしていないと成り立たないわけですから、数重ねていく中でマンネリ感はやむを得ないところもあります。

そこで、絆が強いご夫婦だと確信されているのであれば、新しい空気を入れ替えるつもりで貴方々御夫婦の間にもう一人、あるいはカップルを加えて一緒に悦しむことをなさってみてはいかがでしょうか。

やり方としては、それぞれ夫婦、あるいはカップルのプレイを鑑賞し合ってなさるもよし、また、それぞれのカップルが男女間クロスオーバーしてやるもよし、さすればSMプレイの膨らみも出てくることは間違いないといえます。さらにいうと、二組のみならず、三組、四組と組数が増えれば有機性はますます大きくなっていくのはいうまでもありません。

ぜひチャレンジしてみてはいかがでしょうか。恐らく新たなる気持ちでSMプレイが悦しめることでしょう。

短期で上達するには？

Q 縛ることに興味を持っております。実践を重ねれば上手くなるのはわかっているのですが、短期間で上達する術はあるのでしょうか？

A 貴方の意を理解してくれるプレイパートナーがいれば、必要に応じ練習台になってもらえ、数を重ねることで上手くもなるでしょうが、それが趣味人のパートナーであればある程、ままならないので、このようなご質問があったと推察いたします。趣味人であれば、練習台など心の底では決して歓迎していないでしょう。あくまでもプレイ心を大切にしているのですから。

では縛られる練習台を探すとなればどのようにするかとなると、ＳＭクラブの中にはシステム、プレイ内容等は抜きに、事前に縛りの練習だけがしたいと申し出ておけば、オプションなる形で応じてくれる店もあります。そのような店を利用して練習なさるもよし、あるいはＳＭサークルの中で縛りのモデルを使って練習会をしているところもあるので、そういったところを利用して練習されるのもよいでしょう。

SMクラブのオプションにしろ、SMサークルの練習会にしろ、練習台の娘に貴方の縛り方についてその都度、率直な意見をも求めることができ、それらを参考に何回か練習すればすぐに要領がつかめ、きわめて短期間のうちに上達するでしょう。

電動系オモチャに興味

SMプレイに際し、効果のある電動系オモチャはどれですか？

A

大人のオモチャ屋なるショップで売っている電動系モノとなると、使う相手に対しフィジカル部分で快楽へ導いていく道具(もの)がほとんどです。

したがって、SMプレイでいうところの「アメ」と「ムチ」との使い分け、その「アメ」の部に属するもの。しからば、使い方に、より効果を高める法を追求するべきかと考えます。

ロープ等で相手を拘束したり、自由を奪った中で使われると、単に快楽のためだけでなく、くすぐりのための道具としても使えるし、その振動を利用しての別なる責め具の補完増幅グッズとしても使えます。

例えば、乳首への洗濯バサミ等で責める際、電動モノの振動を及ぼすことで、乳首への責めをよりハードにしたり、あるいはバギナへのクスコ挿入プレイの際、そのクスコにローターを当てがい、その振動がクスコに伝わり、スリリングな緊張感やクスコへ当たる音が被虐者に恐怖感を与えるなど、ＳＭプレイのつなぎ技として充分使えるのでは。

電動系モノにはペニス型バイブ、親子ローター、玉子ローター等のローター系、アナル用バイブの三点が、一般的にはポピュラーなモノとされています。

では、それらのフィジカル面での効果ある使い方をレクチャーしておきます。

ペニス型バイブをバギナに挿入する際、挿入時に力をかける御仁が多いかと思います。そうではなく、挿入時にはむしろゆっくり優しく、あるいは、今まさにお前をレイプしてやるぞとメンタルな部分で気を込めながらやんわりと挿入するほうが効きます。勢いよく挿入するのでなく、基本は「ゆっくり」と覚えておいていただきたい。

逆にバイブを引き抜く際には力をかける。ノコギリを挽く時の要領を思い出せばわかりやすいかと思います。

また、同時に相手の息づかいに合わせ、挿入、引き抜きのピストン運動も大事な要素となります。しかし、時によってはそのピストン運動やバイブの振動レベルを突如として強くしたり、また、急激に振動レベルを落とすなど、めりはりをつけるのもSMプレイでは効果があると思います。

親子ローター、玉子ローター等ローター系の場合、通常、バギナやアヌスに挿入したり、クリトリスをはじめ乳首やアヌス周辺、小陰唇（しょういんしん）等、比較的性感の強いといわれる箇所に当てがい、振動により快楽さを相手に授ける御仁が多いかと思います。それはそれでよしとするも、SMプレイでは、被虐者の躰に縄がけしていることもあるでしょう。

そんな際には掛けられた縄を利用し、その縄と体表面の間にローターを挟んでやる。この場合、ローターの振動で抜け落ちないように縄が複数本、並んでいる箇所であれば複数本の縄同士を絡ますようにねじってやり、そのねじられた間にローターを挟むと、簡単には抜け落ちません。さすれば、ローターから手を離しても大丈夫であり、その手は別なる箇所への愛撫や責めに使うことができ、多重の愛撫、責めを生み出すことが可能となるのです。

アナルバイブに関していえば、連環ビーズ状のモノや凸凹型状のモノ等があります。これらをアヌスに挿入する際、肛門括約筋の抵抗の強い被虐者には挿入に手こずる場合があります。

このような場合、抵抗少なく挿入するには、被虐者に息を吐かす、すなわち被虐者に声を発せさす、すると肛門括約筋が弛み、難なく挿入できます。例えば、連環ビーズ状のモノを挿入する際には、一つ一つ挿入に際し数を数えさせます。声を発して数えさすことにより、息を吐く。そのタイミングに合わせて挿入するというわけです。

次に、アナルバイブに振動を及ぼさす場合、そのバイブの角度、方向はバギナのほうに向かうようにしてやると、バギナ内の性感部分にその振動が伝わり、フィジカル面で効果があります。

最後に注意点として、これら電動系モノをバギナやアヌスなどの粘膜部分に挿入することが事前に想定されているなら、衛生面を考慮して、プレイ前にはアルコール消毒等を施しておくのがプレイヤーとしてのモラルであると思います。さらに衛生面を考慮するならば、それらのモノにスキンを装着しておくと、ほぼ万全といえるのではないでしょうか。

尿道プレイを試したい

尿道プレイを試してみたいのですが、注意点について教えてください。

A

尿道については非常にデリケートな部分であり、また、刺激感の強いところであります。したがって、バギナやアナルのように少々の荒っぽさもＯＫとは言い難いので、特に衛生面は細心の注意を払って行うことが肝要です。

また、最初にいっておきたいことは、尿道口の位置がわかりづらい女性も結構いるものです。その場合、尿道口をしっかり見定めずにあてずっぽにやって、とんでもないところに仕掛けてしまうプレイヤーもいるようです。間違った箇所に対し、ごそごそとやっていると被虐者に自らの稚拙さを露呈させてしまい、不安感をもよぎらせてしまいます。そうなると尿道プレイはおろか、プレイ全般にまで影響さす結果になり、二度と相手にされなくなってしまうかもしれません。

尿道口がわかりにくい女性に当たった場合は、人指し指と中指でもって股間の上部からバギナを押し開くようにしながら、股間上部に引き上げると尿道口が口を開いたようにあらわになり、まず見損なうことはありません。

尿道口への責めとして綿棒、あるいはこより等で触打診したり、尿道口へ微かに挿入したりするのがポピュラーなようですが、さらに尿道カテーテルを挿入しての導尿プレイにつなげるケースの場合は、尿道口の付近が大変、刺激感の強い部分なので、綿棒等でいたぶる際、事前に綿棒頭にキシロカインゼリー（瞬間麻酔薬）、あるいは一般薬局で市販されている傷薬キシロカイン軟膏を塗布しておくと、同時に尿道口に塗ることができ、次なる展開へ一石二鳥とあいなります。

この後、カテーテル等を挿入しても刺激感が緩和され、導尿プレイもスムーズに行えます。もちろん、プレイの練度が高い被虐者によっては、その刺激が快感という者もいるので、その場合は特にキシロカイン等は塗布する必要はないでしょう。

また、被虐者が尿道プレイに慣れてくれば、水銀体温計の尻部分（太い部分）から挿入し、軽くピストン運動をしてやると快楽度の高まるところゆえ、機会があればぜひ試してみてはいかがでしょう。

カテーテルを挿入する際、挿入時の抵抗を解消するため、ベビーオイル、ゼリー等の潤滑補助材をカテーテル全体に塗布することはいうまでもありません。しかし、カテーテル先の尿取り入れ口まで塗ってしまうと目詰まりを起こし、スムーズな採尿ができないこともあるので注意して塗ってください。

医療器具を使いたい

バギナに対しクスコを使ったり、アナルには肛門鏡を使ってみたいのですが、注意点があれば教えてください。

A 医療器具としてのクスコ、肛門鏡は種類もあり、こだわりたい御仁であればそれなりにこだわればよいのであって、単にＳＭプレイのバリエーションとして使う輩には、大人のオモチャ屋でもそれらの医療器具を売っているところもあります。それらの店で売っているもので充分です。

クスコにしろ肛門鏡にしろ挿入する際には、必ずそれら器具にベビーオイル、ゼリー等を潤滑を図るために塗布して使用しますが、それらの塗布剤がクスコ、肛門鏡の挿入部分の裏側にまで間違って塗られてしまうと、挿入後開孔して内部を覗くと、鏡面が波を打った状態になり、見たい部分がボヤけ興味が半減してしまうので、それら器具の裏側にまでは潤滑剤は塗布しないことです。

また、挿入後それら器具のバルブを締め、開孔の度を大きくするのが一般的な遊び方ではありますが、それを次に引き抜く際、バルブを元に戻す作業に入ります。

そこで気をつけないといけないのが、クスコにしろ肛門鏡にしろバルブを最後まで閉じてしまうのではなく、いくばくかの間隙を残して引き抜くようにしないと、バギナ内、アヌス内の肉壁をそれら器具で挟みかねず、もし、挟んだりすると被虐者に大きなダメージを与え事故にもつながる危険性がありますので、注意を払うように。

クスコ、肛門鏡、これを使ってのお遊びの主な目的は、プレイの流れの中で被虐者の羞恥心を煽るような手段として行うことが多いのですが、それに留まらず開孔されたバギナやアヌスに異物を入れることにつなげるようなことは、通常のプレイではしないほうがいいでしょう。ビデオやショーの世界ではやるかもしれませんが、リスクが大きすぎると思われます。

ただ、ローター類をクスコ、肛門鏡の内側部分に当てがい振動を与える程度であれば、被虐者の恐怖心も呼び起こせ、もしやるなれば、せいぜいこの程度の責めで留めておくべきかと思います。

洗濯バサミの注意点

乳首責めを行う際、洗濯バサミを使うケースが見受けられますが、注意点を教えてください。

A 洗濯バサミには、木製もあればプラスチック製、アルミ製等様々です。被虐者の練度に合わせて、どれを使うか嗜虐者の判断で選ばれるものと思います。

経験の浅い被虐者であれば、挟む部分のギザギザをサンドペーパー等によりゆるやかに、さらにはバネの弾力も甘くするという配慮が必要となってくるでしょう。被虐者の練度が増してくればそのような配慮はむしろ、気の抜けたビールのように味気のない責めとなり、責めの意味が失くなってしまいますから被虐者の練度次第でしょう。

ＳＭプレイでは必須の責めともされる乳首責め。乳首は女性であればクリトリス、男性であればペニスへと性線がつながっているので、フィジカルな面を喚起さす重要な箇所であるからです。

もちろん、そのような重要な箇所である乳首、何も洗濯バサミだけがすべてでなく、指でつまんだり、引っ張ったり、他に刺激の与えられるものであればその手法、手段は数限りなく考えられるので、いろいろ試してみるといいでしょう。
最近ではお洒落感のみならず、責めの補完用に乳首ピアスをしている趣味人も多く見受けられるようになってきたのも、乳首のフィジカル効果が高いゆえんではないでしょうか。

女性への効果的な愛撫は？

Q 女性器、特にクリトリスへの愛撫の効果的な方法を教えてください。また、Ｇスポットと呼ばれる部分についても併せて教えてください。

A 乳首同様、クリトリスに関しては性感の強い箇所とされております。したがって適切な愛撫が必要かと思います。バギナの性感については後天性であるのに対し、クリトリスのそれは先天性の性感といわれるほど、物心つく頃には感じる箇所がある点では、男性器のペニス同様と考えていただいて結構です。

しかし、クリトリスがいくら感じやすいからといって、指腹による強い刺激や電動ローター等を使っての長時間にわたる行為はむしろ、逆効果につながることがあるので、充分、気をつけられたほうがいいでしょう。

もちろん、個人差はあるので一概にはいい切れませんが、オーソドックスな愛撫の仕方として、クリトリスの下端、すなわちバギナ側から見ると上方向に指腹で軽く打診してやると持続効果があります。

要するに、さすったり、こすったり、撫でたりという行為より、指先のスナップを効かして軽く叩いてやるというのが万人向けの手法といえるでしょう。男性のペニスに置き換えてみればわかりやすいかと思います。ペニスも亀頭の裏側が刺激のより敏感に感ずる箇所であるのはご承知の通りで、クリトリスも同様と考えてもらえば、その愛撫の強弱度合いは自ら計れるものと思います。

Gスポットについては、女性器前膣庭裏側、すなわち指先をバギナに挿入し、指を「く」の字型に折り曲げた辺りに、ナッツ大の小高い丘があります。そのナッツ大の丘の中に経絡の性感ポイントが存在します。ポイントすなわち、ドット（点）として存在するので、当該丘を全体にわたってこまめに指腹で打診してやり、しばらく続けると、その丘部分が固くなってきます。そうなると生理的に昂ってきたとみていいでしょう。

そのような状態になった時の女性の生理状況は、摩訶不思議なえもいえない妙な気分であるといいます。同時に尿意を催すような感もあり、その揚げ句、尿道口から俗にいう「潮」なるものを噴出することがあります。まさに鯨の潮吹きのごときものもあれば、満水の水が溢れ出たようなもの、あるいは蛇口から漏れ出た一筋の水道水のようなものまで千差万別です。

尿道口から噴き出すので小水と思われている方もあるかもしれませんが、小水とは全く異質のもので極めて薄い白濁色、かつ、粘りのないサラサラした液体です。よくＳＥＸ途上、感極まって失禁したといわれることがありますが、そのほとんどがいわゆる「潮」と思われます。要はＳＥＸ時、Ｇスポットが刺激され、生理現象として起こり得る現象なのです。

女性器周辺について話が及んでいるのでついでに、小陰唇の愛撫についての説明を加えておきます。責め手側は小陰唇をついついラビアの内側、すなわちバギナ側方面から愛撫しがちです。しかし、実際、ラビアの内側はさほど性感の強いところではありません。

むしろ、ラビアと大陰唇の間の浅い谷間に性感が走っており、その部分を電動ローター等で愛撫してやると、フィジカル面の効果が上がること請け合いです。

また、アヌスの肛門括約筋も比較的性感の強い箇所とされていますが、肛門という一般概念が不浄のところという意識が強く働くため、実際、フィジカルな面では性感の強い箇所にもかかわらず、メンタルな部分に覆い被せられ、制動されてしまい、あまり効果の程がわかっていない御仁がいるようです。その制動が解ければこれまたフィジカルな性感は大いに期待できるので、じっくりと試してみてはどうでしょう。

剃毛プレイについて

Q デルタ部分の剃毛(ていもう)プレイについて、何か注意点はありますか?

A 嗜虐感性の持ち主であれば、相手に対して剃毛を試みたいと、一度や二度は思ったことでしょう。剃毛することにより一種の征服感、あるいは独占欲が満たされるからでしょう。また、受け身側の被虐者にとっては、大事な部分があらわにされるという羞恥心等が喚起せられ、嗜虐者、被虐者とも、剃毛プレイに関していえば、全くメンタルなものといえるでしょう。

剃毛の注意点として、恥毛が充分に生え揃っている場合は、最初からカミソリを当てるのではなく、ある程度、ハサミで刈り取り一センチ弱の毛羽立つくらいのところでシェービングクリーム等を塗りたくり、丁寧にカミソリを当てていくと難なく剃り落とすことができます。ただし、ラビア付近、あるいはラビア等ひだのある部分については、充分に皮膚を張り、カミソリがスムーズに運ぶよう慎重を期して行うことが肝要です。

ただ、嗜虐者、被虐者の両者のみぞ知る剃毛の果たす意味はそれなりにメンタルな要素が濃いだけに、プレイヤーによってはプレイ後、当分の間もその余韻を残し続けておきたいという御仁もいます。デルタ恥毛部分の右側なら右だけを剃り落としてしまい、片側を残しておくとか、場合によっては大洋にある小さな小島にヤシの木が数本立っているかのように恥毛をドットで数本残すなど、記憶に留めさすようなことをやるらしいです。

アナルの注意点

アナルプレイ、ひいてはアナルファックにもチャレンジしてみたいのですが。

A
バギナと違い、アヌスについては同じ粘膜部分とはいえ、本来、構造的、生理的にも物を入れるようには造られていないデリケートなところです。

したがって、あまり強引に荒っぽいやり方で異物なりを挿入すると、つい粘膜皮膜を傷つける恐れもあります。わずかなことで炎症をも引き起こし、痔ろう等の発病をも誘引することさえあります。ホモセクシャルな人たちの間でエイズが蔓延するきっかけになったのも、アヌスへの挿入行為で、その粘膜皮膜の弱さから傷がつき、感染を広めたとされています。

このため、アナルプレイで異物を挿入する場合には、極めて傷の付きにくいモノを使うに限ります。また、アヌス括約筋は糞切れのよさを図るため、大変強い筋肉により創られています。

しかも、肛門括約筋が排便ないし排泄後の弁の役を果たしているので、外側から押し開くことはかなり強い力を必要とします。その辺りを充分理解して手順をもって肛門括約筋を優しく柔らかく伸長さすことがアナルプレイでは肝要かと思います。

無理をすると、先程述べたように切れ痔、さらにはイボ痔等の傷害を招きかねないので、アヌスへの責め愛撫のアプローチは、肛門括約筋をほぐす作業から入ること、これがアナルプレイの第一歩といえます。

特に、アナルプレイを初めて体験さすような被虐者に対しては、お風呂等で充分温め、肛門付近を手指でまさぐり、マッサージしてやれば、多少の効果は上がり、あとはたっぷりとゼリーあるいはローションの類を被虐者のアヌスと嗜虐者のペニスに塗布し、ゆっくりと挿入してやると若干、挿入時の抵抗感はあるも比較的簡単に挿入できるものです。

また、浣腸プレイ等により何回か排便させることにより、括約筋を弛ますことも可能なので、浣腸をし、排便させたあとにペニスを挿入するのも多少楽な方法ともいえるでしょう。もちろん、その際もゼリー、ローション等を塗布して行うことはいうまでもないでしょう。

長池 士（ながいけ・たけし）

1945年1月、大阪阿倍野区に生まれる。関西某有名私立大学法学部を卒業後、大手金融機関に入社。同社退職後、経営コンサルタントを開業。

併せて本人の趣味、性癖を活かしＳＭ趣味人の団体、ＳＭサークル「アムス」(Association of Masochism and Sadism) を1981年に設立。同団体の主宰として「ＳＭの真の悦び」その提唱と具現活動を実践。現在に至る。

＊本書は、2001年10月、2007年8月にリヨン社より発刊された単行本及び新書の改装改訂新版です。

完全総括（かんぜんそうかつ）　SM手引き書（てびしょ）

著者　長池 士（ながいけたけし）

発行所　株式会社 二見書房
東京都千代田区三崎町2-18-11
電話 03(3515)2311［営業］
03(3515)2313［編集］
振替 00170-4-2639

印刷　株式会社 堀内印刷所
製本　株式会社 関川製本所

落丁･乱丁本はお取り替えいたします。
定価は、カバーに表示してあります。

ISBN978-4-576-17013-8
http://www.futami.co.jp/